TURSEN-HERMANN BLUME
HAZ TUS PROPIOS
COJINES Y COBERTORES

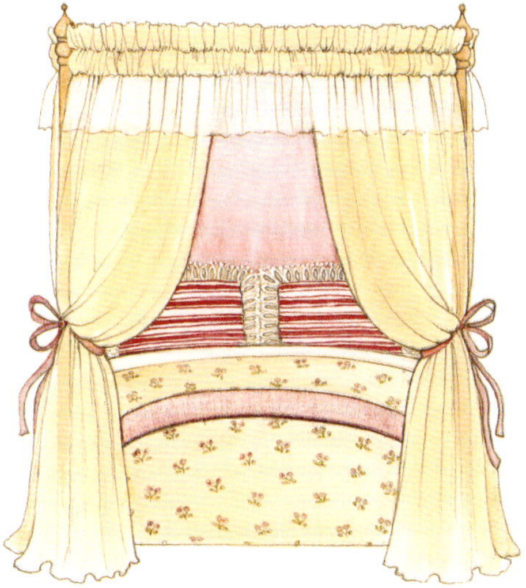

*Para Michael, Michelle,
Nina y Nicolás*

HAZ TUS PROPIOS COJINES Y COBERTORES

LANI VAN REENEN

FOTOGRAFIAS DE JUAN ESPI
ILUSTRACIONES DE JANE FENEMORE

Primera edición en el Reino Unido en 1993 por
New Holland (editores) Ltd.
37 Connaught Street, Londres W2 2AZ

Reimpreso en 1994

Copyright © 1990 del texto Lani van Reenen
Copyright © 1993 New Holland (editores) Ltd.

Reservados todos los derechos. Ninguna parte de esta publicación podrá ser reproducida, almacenada en un sistema informático o transmitida de cualquier forma o por cualquier medio, electrónico, mecánico, fotocopia, grabación o de otro tipo, sin el previo consentimiento escrito de los titulares del copyright y de los editores.

Editoras Sandie Vahl y Elizabeth Frost
Diseñadoras Janice Evans y Lellyn Creamer
Fotógrafo Juan Espi
Ilustradora Jane Fenemore
Estilista fotográfica Elaine Levitte

Traducción Diorki

Copyright © 1995 Tursen, S.A./Hermann Blume Ediciones
Mazarredo, 4, 5.º B. 28005 Madrid
Tel.: 366 71 48 - Fax: 365 31 48
Primera edición española, 1995
ISBN: 84-87756-60-3

AGRADECIMIENTOS

Los editores desean agradecer a Pru Pfuhl y a la cadena de establecimientos de decoración de interiores Biggie Best por su colaboración en la preparación de este libro.

PORTADA: Variación de la colcha tradicional con aplicaciones de encaje en la que se han utilizado dos tipos de telas: una estampada en verde y otra lisa de color crema. Los sobremanteles de las faldas de las mesillas están recogidos con grandes lazos. La colección de cojines acentúa el ambiente acogedor.

DERECHA: Dos cojines tipo rulo rematados con bordes estampados y volantes.

CONTENIDO

Introducción 7

PRIMERA PARTE
COJINES 9

Cojines sueltos 10
Rulos 24
Cojines armados 29

SEGUNDA PARTE
COBERTORES PARA DORMITORIOS 35

Cuadrantes 36
Cubrecanapés 37
Edredones y fundas 41
Colchas 44
Colchas de patchwork 48
Camas con dosel 55
Faldas de mesas 62
Cómo vestir un tocador 64

Técnicas de costura 65

Indice 70
Bibliografía 71

INTRODUCCION

Los accesorios de tapicería nos brindan una magnífica oportunidad para personalizar nuestro entorno. La utilización creativa e innovadora de las telas permite introducir una nota de suavidad en nuestros hogares, y a la vez que desarrollamos nuestra creatividad, podemos también gozar con nuestros logros. Para mí, ésta es la esencia de la decoración.

A medida que mis ideas para este libro sobre *Cojines y cobertores* iban tomando forma, comprendí que tenía que establecer algún marco para desarrollar este concepto. Los cojines no presentaban ningún problema y en cuanto a los «cobertores», decidí en principio limitarme a los que se usan en los dormitorios, pero como este libro trata del empleo imaginativo de las telas, opté por ampliar mi definición a otros elementos decorativos, como las colgaduras de las camas con dosel sostenido por cuatro columnas, y a otras ideas igualmente interesantes, como pueden ser los falsos doseles y las colgaduras de tipo corona.

Aunque he procurado simplificar las instrucciones al máximo para facilitar su comprensión, he dado por supuesto que todas vosotras poseéis nociones de costura. En muchos casos, los objetos descritos en el texto se han adornado con acabados decorativos para las fotografías; confío en que ello os sirva de inspiración y os anime a intentarlo también a vosotras.

La diversidad de cojines, almohadones y mobiliario de dormitorio que existe en el mercado es tan grande que las instrucciones referentes al tamaño de los objetos y a las cantidades de tela necesaria sólo pueden ser orientativas. Por ello es importante tomar bien las medidas y después aplicar las fórmulas correspondientes para calcular la cantidad de tela que se necesita para confeccionar un objeto determinado.

PÁGINA OPUESTA: La colgadura sobre la cama, la colcha de color crema, las cintas y la puntilla que rematan el cubrecanapé y los cojines con volantes de encaje contribuyen a crear un dormitorio de otra época.

Los conceptos y estilos de decoración modernos se inspiran en los diferentes tipos de muebles que han predominado a lo largo de los siglos. El surtido de telas de algodón natural es hoy día interminable, abarcando desde tejidos lisos hasta estampados románticos, clásicos, informales, barrocos, etc., en una amplia selección de colores. Las posibilidades de coordinación e invidualización son prácticamente infinitas. Muchas líneas de productos, que incluyen también ribetes y encajes, se completan con papeles pintados, ropa de cama, porcelana decorada y otros muchos accesorios a juego, como pantallas, espejos, cuadros, percheros, etc.

En este libro revelo numerosos secretos profesionales para quienes al contemplar las colchas, los edredones y los cojines que se venden en los establecimientos especializados, piensan: «Estoy segura de que yo podría hacerlo». Asimismo presento algunas ideas totalmente nuevas que reflejan las últimas tendencias en decoración. Sea cual sea el objeto elegido, espero sinceramente que experimentéis el placer de dar un paso atrás y decir: «Eso lo he hecho yo».

PÁGINA SIGUIENTE: Esta colección de cojines de borde liso, de rayas o dibujos de cachemira, está pensada especialmente para aquellas personas a las que no les gustan los frunces ni los volantes.

PRIMERA PARTE
COJINES

*P*ara mí, la palabra cojín es sinónimo de confort. Otras asociaciones que me vienen a la mente son comodidad, informalidad, relajación e intimidad. Personalmente creo que la mayoría de nosotros compartimos estas asociaciones y que la imagen de un sofá o de una cama repleta de cojines y almohadones es tan atractiva como gratificante, tanto emocional como estéticamente. Los cojines y los almohadones en forma de rulo, genéricamente llamados rulos constituyen, por ello, una importante herramienta decorativa para crear un ambiente cálido y acogedor, ya sea en el salón, en el dormitorio, en el comedor, en la cocina o en el exterior. También sirven para transformar sillas y bancos duros e incómodos u otros espacios similares, tales como ventanas saledizas, alféizares anchos o nichos en las paredes, en cómodas zonas para sentarse. Los cojines permiten asimismo introducir contrastes y acentos en un esquema decorativo determinado y ayudan a captar visualmente la imagen de una habitación. Para poner una nota contrastante y atraer la atención, nada mejor que introducir un color nuevo o un estampado diferente; si, por el contrario, se busca la coordinación, deberán repetirse los colores y dibujos utilizados en otros elementos decorativos, tales como alzapaños, galerías, ribetes, faldillas, volantes y lazos. El diseño de los cojines debe armonizar con el estilo de la decoración del resto de la habitación. Un salón de decoración muy formal puede suavizarse esparciendo cojines, asimismo bastante formales, por ejemplo, lisos, ribeteados o de borde liso, por rincones estratégicos. Cojines rematados con volantes de tela o de encaje, cintas y entredoses contribuyen a resaltar la atmósfera femenina de un dormitorio. El color y el estampado de la tela deben combinar con el fondo y realzar el «sentido» decorativo. Si, por ejemplo, decidís repartir algunos cojines por la habitación para poner pequeñas notas de color y diseño, aseguraos antes de que entre ellos existe algún punto común. Confeccionad, por ejemplo, algunas parejas que hagan juego y disponedlos de forma que contribuyan a crear una atmósfera relajada.

COJINES SUELTOS

Los cojines pueden ser de muchas formas diferentes: cuadrados, rectangulares, redondos e incluso en forma de corazón o de animal. Aunque, si el entorno es el adecuado, pueden combinarse formas y tamaños diferentes; personalmente yo aconsejaría las formas cuadradas, rectangulares y redondas, pues son las más versátiles y prácticas.

Materiales de relleno

En unos casos se tratará tan sólo de cambiar la funda de un cojín viejo, mientras que en otros habrá que comprar también el relleno, para el que pueden aprovecharse perfectamente restos de percal, tela de forro, fundas de almohada y sábanas viejas o recortes de tela.

Los rellenos más comunes son los siguientes:

Recortes de gomaespuma. Es el relleno más barato, pero hay que apelmazarlo muy bien para que, una vez acabado, el cojín no presente bultos antiestéticos. Este relleno es ideal para cojines que vayan a utilizarse en dormitorios infantiles, sobre el suelo o en el exterior.

Relleno de poliéster. Este material se vende por metros, es relativamente barato, lavable y el más adecuado para confeccionar cojines individuales.

Gránulos de poliestireno. Estas bolitas se usan sobre todo para rellenar cojines o almohadones grandes que se colocan sobre el suelo. Cuando alguien se sienta encima, los gránulos se desplazan en el interior del cojín.

Miraguano. Fibra sedosa vegetal que se obtiene de las semillas del árbol del mismo nombre.

Plumas y plumón. Este relleno, exclusivo y ciertamente caro, confiere a los cojines un aspecto esponjoso y elegante. Una mezcla de plumón y plumas cuesta algo menos que un relleno solamente de plumón y, sin embargo, proporciona un equilibrio correcto en cuanto a peso y aspecto. Para la funda interior debe utilizarse una tela sin poros y para evitar que el relleno se escape por las costuras, se recomienda coserlas con pespunte doble.

Piezas de gomaespuma rígida. La gomaespuma de alta o baja densidad resulta ideal para los cojines que requieran firmeza y una forma definida, como sucede, por ejemplo, con los que se usan en las sillas del comedor, alféizares y otras superficies duras.

Confección de la funda interior

Un buen tamaño para un cojín cuadrado son 35 a 40 cm de lado y entre 35 y 40 cm de diámetro para uno redondo (excluyendo los bordes decorativos). Calcular debidamente el tamaño del relleno.

> **SUGERENCIA.** *La funda interior debe ser 1 cm mayor que el cojín terminado para que éste quede firme.*

MATERIAL NECESARIO
Tela: percal, forro, recortes o restos
Relleno: el que se prefiera

INSTRUCCIONES PARA UNA FUNDA INTERIOR CUADRADA O REDONDA
1. *Cortar dos piezas de tela del tamaño adecuado. Añadir 1 cm de margen de costura todo alrededor. (Véase patrón en p. 11.)*
2. *Colocar derecho sobre derecho y coser tres lados. En el cuarto lado coser sólo unos 10 cm en cada extremo, dejando una abertura suficiente para introducir la mano (aproximadamente 15 cm).*
3. *Recortar las esquinas si la funda es cuadrada y hacer muescas todo alrededor del margen de costura si es redonda. Dar la vuelta a la funda y marcar bien las esquinas. Planchar.*
4. *Rellenar firmemente la funda interior con el material elegido y coser la abertura.*

Patrón para la funda exterior

Las medidas de la funda exterior (véase abajo) pueden transferirse directamente a la tela, pero siempre es mejor hacer un patrón de papel, pues, entre otras ventajas, permite centrar mejor los dibujos grandes de telas estampadas y si se van a confeccionar varios cojines del mismo tamaño, también ahorrar tiempo.

❏ *Funda cuadrada o rectangular:* medir el ancho y el largo de la funda interior, de costura a costura. Para facilitar la tarea de encajar las dos fundas, en los cojines sueltos no suele ser necesario dejar margen de costura.

❏ *Funda redonda:* medir el diámetro de la funda interior, de costura a costura. No dejar margen de costura para facilitar el ajuste de las dos fundas. Cortar un cuadrado de papel ligeramente mayor que los centímetros medidos y doblarlo dos veces por la mitad. Atar un trozo de cuerda a un lápiz y sujetar, con una chincheta, el extremo opuesto de la cuerda en la esquina del papel doblado a la distancia exacta del radio (diámetro dividido por 2), midiéndola desde la punta del lápiz. Trazar un cuarto de círculo *(fig. 1)*. Recortar el patrón por esta línea atravesando todas las capas de papel.

Cremalleras y aberturas

Precisamente porque no todos los cojines interiores son lavables, es importante que la funda exterior pueda quitarse con facilidad para lavarla. Cualquiera de las soluciones siguientes es válida:

Cremallera en la costura

La ventaja de la cremallera en la costura es que el cojín presenta el mismo aspecto tanto por delante como por detrás.

INSTRUCCIONES PARA UNA FUNDA EXTERIOR CUADRADA

1. *Cortar dos cuadrados de tela según el patrón (véase explicación anterior) y colocarlos derecho sobre derecho.*

2. *Coser un lado empezando cada vez por una esquina y dejar una abertura central para la cremallera (la cremallera debe ser una cuarta parte más corta que la longitud de la costura). Hilvanar la abertura por la línea de costura y planchar la costura abierta* (fig. 2a).

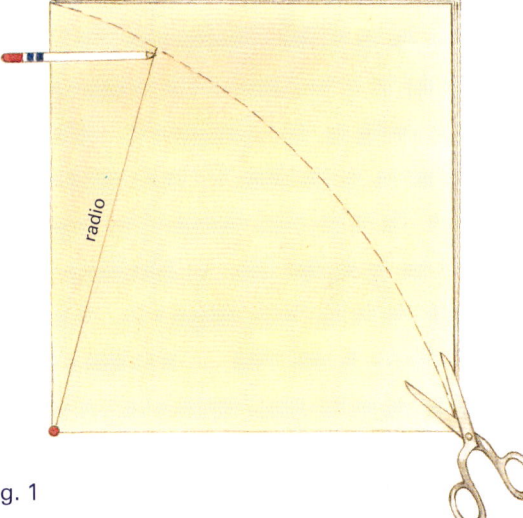

Fig. 1

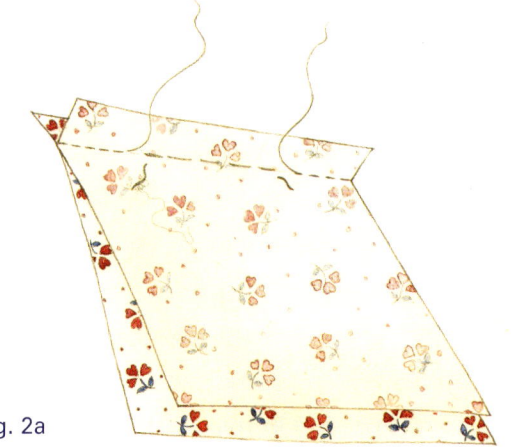

Fig. 2a

3. *Centrar la cremallera, hacia abajo, sobre la parte hilvanada de la costura, por el revés de la tela, e hilvanar* (fig. 2b).

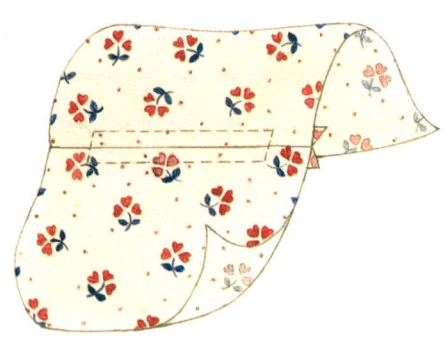

Fig. 2b

2. *Alinear dos bordes cortados, derecho sobre derecho; coser empezando desde un extremo cada vez (margen de costura 1,5 cm) y dejar una abertura para la cremallera (que debe ser una cuarta parte más corta que el ancho del cojín). Hilvanar la abertura a lo largo de la línea de costura y planchar ésta abierta. (Fig. 3a.)*

3. *Coser la cremallera (pasos 3 y 4, pp. 11-12; fig. 3b).*

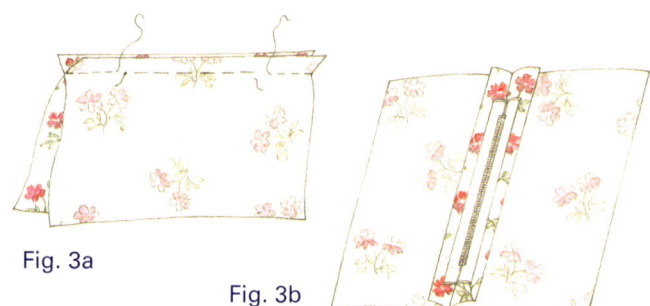

Fig. 3a

Fig. 3b

4. *Coser la cremallera utilizando el prensatelas. Quitar el hilván y abrir la cremallera.*

5. *Colocar la tela, derecho sobre derecho, y coser los tres lados restantes. Recortar las esquinas, dar la vuelta a la funda y planchar (fig. 2c).*

Fig. 2c

Cremallera posterior

INSTRUCCIONES PARA UNA FUNDA EXTERIOR CUADRADA

1. *Añadir 3 cm al ancho del patrón en la parte posterior de la funda (p. 11). Cortar este rectángulo por la mitad. (Véase también fig. 6a, p. 13.)*

ACABADO DE LA FUNDA. *Una vez terminada la abertura (cremallera, pp. 12-13; abertura solapada, pp. 13-14; botones posteriores, p. 14), la funda, redonda o cuadrada, debe medir lo mismo que el patrón (p.11). Colocar las dos piezas de tela, derecho sobre derecho, con la parte posterior hacia arriba (¡desabrochar los botones o abrir la cremallera!), y coser todo alrededor. Recortar las esquinas (funda cuadrada) o dar piquetes en el margen de costura (funda redonda), dar la vuelta a la funda y planchar (fig. 4a; fig. 4b).*

Fig. 4a

Fig. 4b

INSTRUCCIONES PARA UNA FUNDA EXTERIOR REDONDA
1. *Para confeccionar la funda para un cojín redondo, cortar el patrón por el centro (p. 11).*
2. *Colocar sobre la tela las dos piezas resultantes, dejando entre ellas una separación de 3 cm y trazar una línea por el centro de este espacio (fig. 5a). Cortar por esta línea y alrededor de las dos piezas del patrón.*
3. *Colocar la tela, derecho sobre derecho, coser 1,5 cm por cada extremo, dejando una abertura para la cremallera equivalente a tres cuartas partes del diámetro del cojín (fig. 5b). Hilvanar la abertura por la línea de costura y planchar abierta.*
4. *Coser la cremallera (pasos 3 y 4, pp. 11-12).*

3. *Sobrehilar los bordes con puntadas sencillas o en zigzag y hacer un dobladillo de 1 cm en los dos bordes que van a solaparse (fig. 6b).*
4. *Solapar 10 cm las dos piezas de tela conforme al patrón original (p.11) y coser las solapas (fig. 6c).*

Fig. 6a

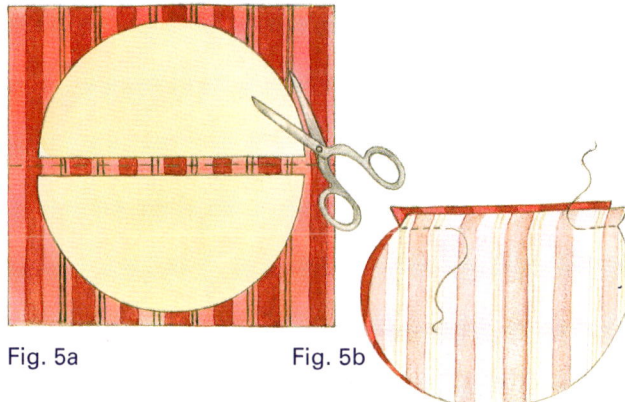

Fig. 5a Fig. 5b

Abertura solapada

Este tipo de abertura posterior es muy frecuente en cojines pequeños, pues, además de ser un remate muy limpio, facilita el acceso al cojín interior y su confección es la más sencilla de todas.

Fig. 6b

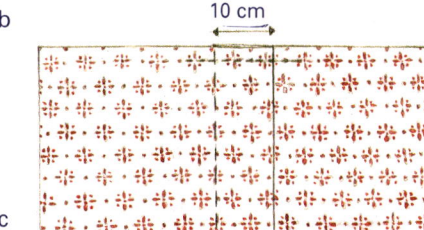

INSTRUCCIONES PARA UNA FUNDA EXTERIOR CUADRADA
1. *En la parte posterior debe quedar una solapa de 10 cm. Para ello, añadir 12 cm al ancho del patrón de la parte posterior (fig. 6a) y cortar el rectángulo resultante.*
2. *Cortar el rectángulo de tela por la mitad a lo ancho (fig. 6a).*

Fig. 6c

INSTRUCCIONES PARA UNA FUNDA EXTERIOR REDONDA
1. *Proceder igual que para la funda cuadrada (pasos 1-4, p. 13), utilizando el diámetro como medida.*
2. *Colocar el patrón de la funda redonda (p. 11) encima del cuadrado de tela y cortar todo alrededor (fig. 7).*

Fig. 8

INSTRUCCIONES PARA UNA FUNDA EXTERIOR REDONDA
1. *Proceder exactamente igual que para una funda exterior cuadrada (pasos 1-4), utilizando el diámetro del cojín como medida.*
2. *Colocar el patrón redondo sobre el cuadrado de tela y recortar (fig. 9).*

Fig. 7

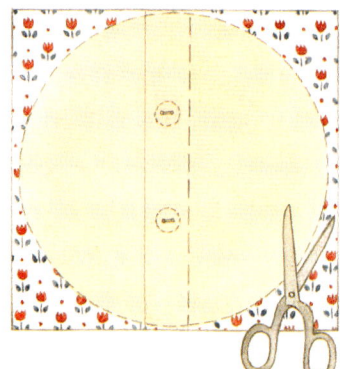

Fig. 9

Cierre posterior con botones

INSTRUCCIONES PARA UNA FUNDA EXTERIOR CUADRADA
1. *Añadir 5 cm al ancho del patrón de la parte posterior (p. 11) y cortar el rectángulo de tela resultante. Cortar este rectángulo por la mitad a lo ancho (fig. 6a, p. 13).*
2. *Sobrehilar los bordes con puntadas sencillas o en zigzag y hacer en ambos un dobladillo de 2 cm, con la tela derecho sobre revés. Coser lo más cerca posible del sobrehilado (fig. 8).*
3. *Colocar un dobladillo sobre el otro, sujetar con alfileres y marcar la posición de los botones y ojales (fig. 8).*
4. *Separar, hacer los ojales y coser los botones. Abrocharlos y coser los extremos.*

Aberturas laterales con lazos

En lugar de esconder la abertura, ésta puede convertirse en un elemento decorativo, realzándola con lazos en color contrastante.

SUGERENCIA. *Este tipo de abertura resulta especialmente atractivo en almohadas. Colocar los lazos únicamente en un extremo de la misma.*

MEDIDAS

Añadir 1,5 cm de margen de costura a la funda interior *(p. 10)*. Hacer un patrón de papel (A) para la parte delantera y posterior de la funda exterior *(p. 11)*. Hacer un patrón rectangular (B) para la solapa del bolsillo interior dándole la longitud del patrón A y una anchura de 15 cm. Hacer un tercer patrón (C), para las vistas, del mismo largo que el patrón A y una anchura de 5 cm. (Véase a continuación para las cintas.)

MATERIAL NECESARIO

Patrones de papel: A, B y C / *Tela:* 2 × A, 2 × B, 2 × C
Tela en color contrastante para las ataduras:
8 trozos de 25 × 5 cm cada uno. *Cojín interior*

INSTRUCCIONES

1. Utilizar el patrón A para cortar la parte delantera y posterior de la funda; utilizar el patrón B para cortar las dos piezas de la solapa del bolsillo interior y utilizar el patrón C para cortar las vistas.

2. En las cintas de las ataduras, hacer un dobladillo doble muy estrecho en los dos lados largos y en uno de los cortos. Planchar las costuras.

3. Colocar las dos piezas de tela, derecho sobre derecho, y sujetar con alfileres, a la misma distancia, dos cintas en cada uno de los lados de la pieza delantera y posterior de la funda.

4. Hacer un dobladillo de 5 mm a lo largo de uno de los lados largos de la solapa del bolsillo interior (B). Colocar la solapa sobre la pieza delantera de la funda, derecho sobre derecho y bordes sin rematar juntos (con las cintas colocadas según el paso 3), y hacer una costura a 1,5 cm del borde (fig. 10a). Repetir los pasos 3 y 4 en la otra pieza.

5. Colocar una vista (C) sobre la parte posterior de la funda (con las cintas colocadas según el paso 3), con las piezas de tela dispuestas derecho sobre derecho y los bordes sin rematar juntos, y hacer una costura a 1,5 cm del borde (fig. 10b). Marcar, con la plancha, un dobladillo de 5 mm en el borde de la vista sin rematar, dar la vuelta y coser. Repetir en el otro lado y planchar (fig. 10 c).

6. Colocar, derecho sobre derecho y bordes sin rematar juntos, la pieza delantera sobre la pieza posterior de la funda y hacer costuras laterales a 1,5 cm del borde (fig. 10d). Insertar el cojín bajo las dos solapas de los bolsillos y atar las cintas con lazadas.

> **SUGERENCIA.** *La parte delantera puede rematarse con un ribete, que se cose antes de colocar las cintas (paso 3).*

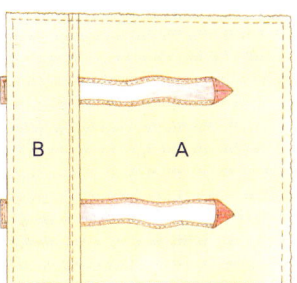

Fig. 10a

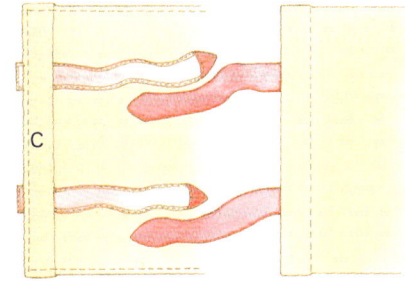

Fig. 10b    Fig. 10c

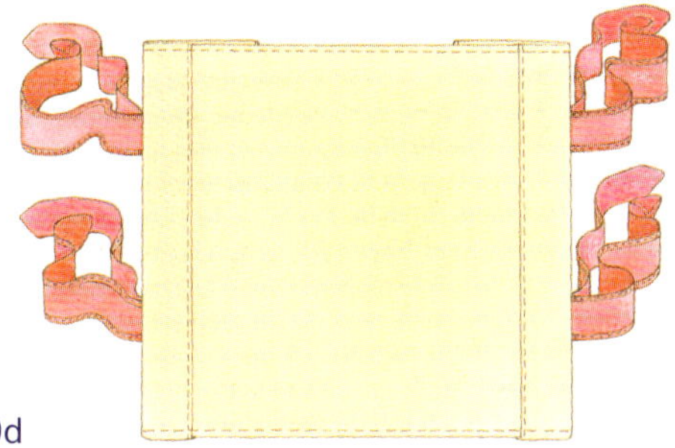

Fig. 10d

Cojines ribeteados

Los cojines ribeteados, redondos o cuadrados, combinan con casi todos los ambientes y estilos decorativos. Sobre un sofá de proporciones elegantes y formales resultan una elección muy acertada, sin por ello descartar otras muchas aplicaciones. El ribete puede ser liso, a juego con el cojín o contrastando con éste, de rayas o estampado en la misma tela que otros motivos de la habitación. Para dar al cojín una nota distinta puede ribetearse, por ejemplo, con un cordón grueso, por ejemplo, del grosor de un lápiz. El tamaño de los cojines debe ser proporcionado al mueble, banco o superficie donde vaya a colocarse, así como al de los demás cojines.

MATERIAL NECESARIO
Patrón de papel (p. 11)
Tela para la parte delantera y posterior (p. 18)
Ribete: cantidad suficiente para bordear el cojín más unos centímetros para las uniones (p. 18)
Almohadilla interior

INSTRUCCIONES PARA UN COJIN CUADRADO O REDONDO
1. *Cortar, utilizando el patrón, la parte delante de la funda exterior.*
2. *Elegir el tipo de abertura posterior y confeccionarla de acuerdo con las instrucciones correspondientes (pp. 12-14).*
3. *Hilvanar el ribete por el derecho de la pieza delantera sujetando bien los bordes de ambos (los dos extremos del ribete deben coincidir en el centro de uno de los lados). Si la funda es cuadrada, dar unos cortes en las esquinas del margen de costura del ribete (fig. 11a). Si la funda es redonda, hacer muescas todo alrededor del margen de costura (fig. 11b). Coser el ribete utilizando el prensatelas.*
4. *Unir los extremos del ribete (p. 66).*
5. *Colocar la pieza posterior de la funda (¡cremallera o botones abiertos!) sobre la delantera, derecho sobre derecho y bordes sin coser juntos, hilvanar y coser por el pespunte anterior (paso 3) utilizando el prensatelas.*

6. *Dar pequeños cortes en las esquinas (funda cuadrada) o todo alrededor del margen de costura (funda redonda), dar la vuelta a la funda y planchar. Introducir la almohadilla.*

Fig. 11a

Fig. 11b

Cojín ribeteado con esquinas fruncidas (cuadrado)

El procedimiento es el mismo que para un cojín cuadrado ribeteado. Las esquinas de la pieza delantera y posterior se fruncen antes de colocar el ribete *(fig. 12)*, lo que confiere al cojín un aspecto casi tridimensional. Este tipo de cojín combina muy bien con asientos grandes o para cubrir respaldos. El relleno interior tiene que ser muy firme.

Fig. 12

Cojín ribeteado con volante

Este diseño es, quizá, el más utilizado en cojines sueltos y ciertamente resulta ideal cuando se combinan telas coordinadas. La forma en sí resulta atractiva, confortable, bonita y femenina, por lo que estos cojines suavizan hasta los ambientes más serios. Las posibilidades para introducir telas de colores y estampados que contrasten suavemente con la decoración general son infinitas.

El tamaño habitual de estos cojines oscila entre 35 y 40 cm de lado o de diámetro, respectivamente, según se trate de un modelo cuadrado o redondo, con un volante de 5 a 7 cm.

MATERIAL NECESARIO
Patrón de papel (p. 11)
Tela para la parte delantera y trasera (p. 18)
Tela para el volante (p. 18)
Ribete: cantidad suficiente para bordear el cojín más unos centímetros extra para las uniones (p. 18)
Almohadilla interior

INSTRUCCIONES
1. *Utilizar el patrón para cortar la parte delantera de la funda.*
2. *Cortar y confeccionar la parte posterior de la funda según la abertura elegida (pp. 12-14).*
3. *Cortar tiras para el volante y unirlas con costura francesa (paso 6, p. 42) hasta formar un círculo (fig. 13a).*
4. *Planchar y hacer un pequeño dobladillo doble en uno de los bordes de la tira.*
5. *Dividir el círculo en cuatro partes iguales y marcar las divisiones en el borde sin rematar, por el revés de la tela, con lápiz o alfileres. Coser todo alrededor, con puntadas en zigzag, un hilo grueso, por ejemplo, algodón para hacer ganchillo (fig 13b). (No fruncir todavía.)*
6. *Hilvanar el ribete por el derecho de la parte delantera de la funda, con los bordes sin rematar juntos (los extremos del ribete*

Fig. 13a

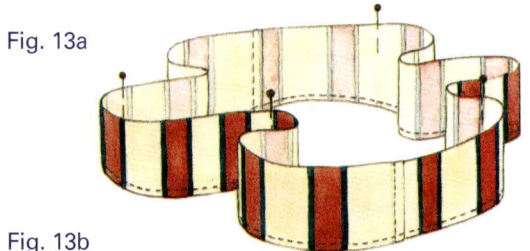

Fig. 13b

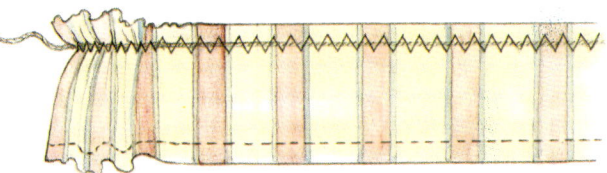

deben coincidir en el centro de uno de los lados). Si la funda es cuadrada, dar unos cortes en las esquinas del margen de costura del ribete y si es redonda, darlos todo alrededor a intervalos regulares. (Figs. 11a y 11b, p. 16). Unir los extremos del ribete (p. 66).

7. *Sujetar el volante, sin fruncir, con alfileres, que coincidan las marcas con las esquinas (si el cojín es redondo, con marcas hechas a intervalos regulares) y tirar del cordón para fruncirlo. Prender con alfileres e hilvanar el volante a la tela. (Fig. 13c; fig. 13d.)*

8. *Por último, colocar la parte posterior de la funda (con botones o cremallera abiertos) sobre la delantera, sujetarla con alfileres e hilvanarla, derecho sobre derecho con los bordes sin rematar juntos. Coser todo alrededor, utilizando el pie para cremalleras, tan cerca del ribete como sea posible. (Fig. 13e.)*

9. *Rematar las costuras, retirar los hilvanes y el cordón de frunce y dar la vuelta a la funda. Planchar. Introducir la almohadilla.*

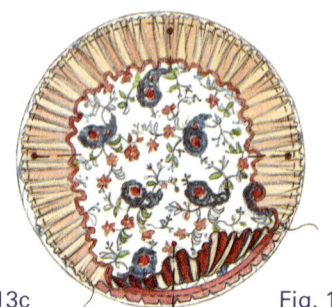

Fig. 13c

Fig. 13d

Fig. 13e

TIPO DE COJIN	TAMAÑO	TELA PARA LA FUNDA EXTERIOR*	TELA PARA VOLANTES, BORDES CONTRASTANTES O LAZO (ancho = 150 cm)	RIBETE	GALON	PUNTILLA
Ribeteado	Cuadrado: 35 cm Redondo: 35 cm de diámetro	38 cm		Cuadrado: 1,45 m Redondo: 1,15 m		
Ribeteado con volante	Cuadrado: 35 cm Redondo: 35 cm de diámetro	38 cm	Volante sencillo: 20 cm Volante doble: 32 cm Borde posterior contrastante: 20 cm Borde delantero: 15 cm	Cuadrado: 1,45 m Redondo: 1,15 m	Cuadrado: 3 m Redondo: 2,4 m	Cuadrado: 3 m Redondo: 2,3 m
Borde liso sencillo	35 cm de lado	50 cm				
Borde liso doble	35 cm de lado con borde de 5 cm	65 cm				
Borde liso contrastante	35 cm de lado	50 cm	50 cm			
Borde contrastante hecho con tiras unidas	35 cm de lado con borde de 6 cm	50 cm	36 cm			
Abertura lateral con lazos	35 cm de lado	38 cm	15 cm	1,45 m		

* Añadir los centímetros necesarios según el tipo de abertura elegido.

Otras ideas para volantes y bordes

❏ Rematar el volante con *puntilla*.

❏ *Aplicar dos volantes fruncidos*, el delantero más corto que el posterior. Si el delantero se remata con una puntilla, el efecto suele ser sorprendente. Otra posibilidad es sustituir el volante delantero de tela por otro de encaje.

❏ Los *galones* lisos o estampados en colores contrastantes rematando los volantes resultan particularmente atractivos. Podéis confeccionar vuestros propios galones *(p. 65)* utilizando como medida la longitud del volante sin fruncir. Coser el galón al borde del volante antes de fruncirlo *(paso 7, p. 18)*.

❏ Los *volantes dobles* deben usarse siempre en prendas reversibles, como fundas de edredones. Multiplicar por dos el ancho del volante y añadir 3 cm de margen de costura. Cortar tiras, unirlas, doblarlas por la mitad a lo largo, planchar y fruncir por el extremo sin rematar *(fig. 13b, p. 17)*.

❏ Otra alternativa es elegir un *volante inferior que contraste con el superior*. Instrucciones para su confección:

1. *Cortar las tiras del volante inferior 3 cm más anchas que las correspondientes al superior. Coserlas para obtener dos volantes continuos independientes.*

2. *Colocar los volantes con las telas derecho sobre derecho y coserlos* (fig. 14a) *a lo largo de uno de los bordes.*

Fig. 14a

3. *Planchar la costura hacia el volante más corto* (fig. 14b).

Fig. 14b

4. *Hacer coincidir los bordes de ambas telas por el revés y planchar. Por el borde del volante superior asomará una tira del volante inferior* (fig. 14c).

Fig. 14c

❏ Las tiras bordadas tradicionales en color crema, blanco y otros tonos pastel, que se venden en varios anchos, ponen una nota de elegancia en los cojines y almohadones de los dormitorios.

❏ Los *galones* pueden utilizarse también a modo de volantes para rematar cojines lisos o estampados.

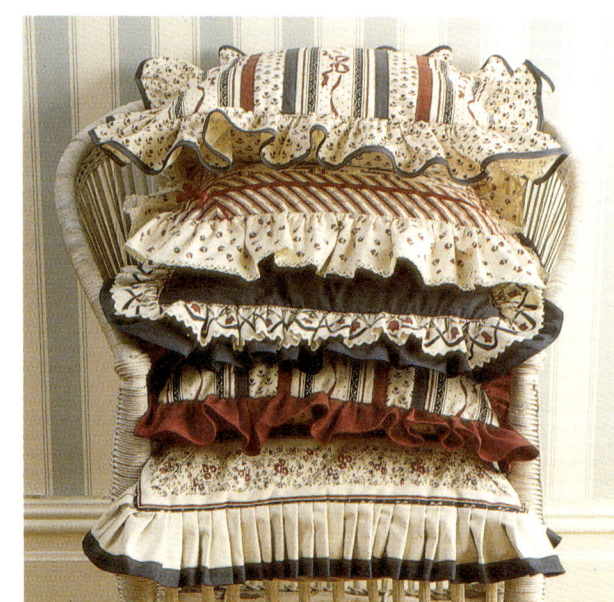

ARRIBA: Las posibilidades para rematar un cojín con volantes fruncidos o plisados son infinitas.

Cojines con borde liso

A pesar de su sobriedad, los cojines con borde liso añaden un interés especial a la decoración. Las posibilidades de variación no son muy amplias en este caso. Un tamaño medio adecuado es, de nuevo, 35 × 35 cm o 40 × 40 cm, con un borde de 4 a 6 cm.

Borde liso sencillo

MEDIDAS

Medir la almohadilla interior, de costura a costura, por el centro y añadir el ancho del borde más 1,5 cm de margen de costura en los cuatro lados. Transferir las medidas a la tela o hacer un patrón de papel.

Ejemplo: para un cojín de 30 cm de lado con un borde de 6 cm: 1,5 + 6 + 30 + 6 + 1,5 = 45 cm, lo que significa que el patrón deberá medir 45 cm de lado. (Añadir 3 cm al ancho de la parte posterior para colocar la cremallera.)

MATERIAL NECESARIO
Patrón de papel
Tela para las dos piezas de la funda y el borde (p. 18)
Cremallera: 4 cm más corta que el ancho de la almohadilla interior
Almohadilla interior

INSTRUCCIONES PARA UNA FUNDA EXTERIOR CUADRADA

1. *Cortar las dos piezas de la funda según el patrón.*
2. *Confeccionar la parte posterior de la funda disponiendo la cremallera en el centro (p. 12).*
3. *Colocar las dos piezas de tela, derecho sobre derecho (con la cremallera abierta), y coser todo alrededor a 1,5 cm del borde. Dar unos piquetes en las esquinas, dar la vuelta a la funda y planchar bien el borde de la costura.*
4. *Medir y marcar en los cuatro lados de la pieza superior, con jaboncillo de sastre, una distancia de 4 a 6 cm (o la que se prefiera) a partir del borde.*

BORDE ACOLCHADO. *Para dar más firmeza al borde, éste se puede rellenar con tiras de guata, 2 cm más anchas que el borde, que se cosen junto con la tela. Al dar la vuelta a la funda, la guata se mantiene en su sitio.*

5. *A continuación existen dos posibilidades:*
❏ *hacer una costura sencilla a lo largo de esta línea traspasando todas las capas de tela, o*
❏ *elegir un puntada de máquina decorativa y, con hilo de bordar de algodón, hacer una o dos pasadas alrededor de la línea de costura (fig. 15). (Si se ha utilizado guata, coserla también junto con la tela.)*
6. *Introducir la almohadilla interior.*

Fig. 15

PÁGINA OPUESTA: Dormitorio femenino decorado en tonos rosas y verdes. Las cortinas y la doselera de la cama son de chintz y están rematadas con volantes. El cubrecanapé fruncido de tira bordada, un tocador rematado con un volante de la misma tela que el que adorna el tapete independiente y diversos cojines, rematados asimismo con volantes, completan el cuadro.

Borde liso doble

MEDIDAS

Medir la almohadilla interior, de costura a costura, por el centro y añadir el ancho del borde más 1,5 cm de margen de costura en los cuatro lados. Hacer un patrón de papel.

Ejemplo: para un cojín de 30 cm de lado con un borde de 6 cm: 1,5 + 6 + 6 + 30 + 6 + 6 + 1,5 = 57 cm, lo que significa que el patrón deberá medir 57 cm de lado. (Añadir 3 cm al ancho de la parte posterior para colocar la cremallera.)

MATERIAL NECESARIO

Patrón de papel
Tela para las dos piezas de la funda y el borde (p. 18)
Cremallera: 4 cm más corta que el ancho de la almohadilla
Almohadilla interior

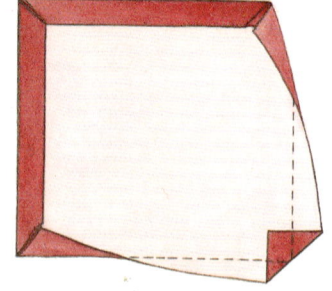
Fig. 16a

Fig. 16b

INSTRUCCIONES PARA UNA FUNDA EXTERIOR CUADRADA

1. *Cortar las dos piezas de la funda según el patrón.*
2. *Confeccionar la parte posterior de la funda disponiendo la cremallera en el centro (p. 12).*
3. *En las dos piezas de la funda, doblar hacia dentro, por los cuatro lados, el ancho del borde (4 a 6 cm) más el margen de costura y planchar (fig. 16a). Desplegar de nuevo.*
4. *Seguir los pasos 2-4 (pp. 68-69) para realizar las esquinas. En la figura 16a se ve claramente cómo las esquinas se doblan hacia el interior para hacerlas coincidir con la intersección de los dobleces interiores (paso 2, p. 68).*
5. *Colocar la pieza superior sobre la inferior, revés sobre revés. Medir y marcar, con jaboncillo de sastre, la línea de costura del borde (4 a 6 cm) en los cuatro lados de la pieza superior de la funda.*
6. *Coser la funda todo alrededor por esta línea de costura, haciendo una o dos pasadas. Para ello puede usarse cualquier puntada decorativa con hilo de bordar de algodón en el mismo color de la tela o en un color contrastante (fig. 16b; fig. 15, p. 20). Introducir la almohadilla interior.*

Borde liso doble en colores contrastantes

MEDIDAS

Medir y hacer un patrón siguiendo las instrucciones para confeccionar un cojín de borde liso *(p. 20)*.

MATERIAL NECESARIO

Patrón de papel
Tela para las dos piezas de la funda (p. 18)
Tela de distinto color para los bordes (p. 18)
Cremallera: 4 cm más corta que el ancho de la almohadilla
Almohadilla interior

INSTRUCCIONES PARA UNA FUNDA EXTERIOR CUADRADA

1. *Cortar las dos piezas de la funda según el patrón.*
2. *Confeccionar la parte posterior de la funda disponiendo la cremallera en el centro (p. 12).*
3. *Cortar las tiras de los bordes conforme al patrón.*
4. *En cada una de las piezas de tela de diferente color marcar, en los cuatro lados, la línea de corte a una distancia equivalente al ancho del borde más 3 cm. Cortar las dos piezas por esta línea (fig. 17a), con lo que se obtienen dos «marcos» de tela (fig. 17b). El marco puede confeccionarse también con tiras de tela del ancho del borde, más 3 cm, unidas unas con otras por las esquinas (fig. 17c). Este método se recomienda sobre todo con telas de rayas en tonos contrastantes.*

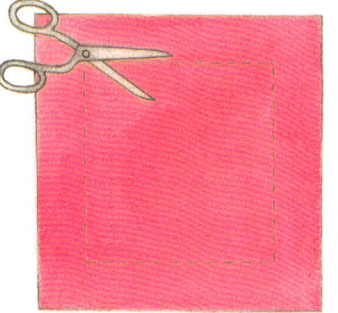

Fig. 17a　　　　　　　　Fig. 17b

5. *Colocar un marco de tela sobre la parte delantera de la funda, derecho sobre derecho, y sujetar con alfileres. Coser todo alrededor dejando un margen de 1,5 cm (fig. 17d). Dar unos cortes en las esquinas. Dar la vuelta a la funda, empujar las esquinas hacia fuera y planchar. Repetir el procedimiento para confeccionar la parte posterior.*

6. *Repetir los pasos 5 y 6 de las instrucciones para confeccionar una funda exterior con borde liso doble (p. 22).*

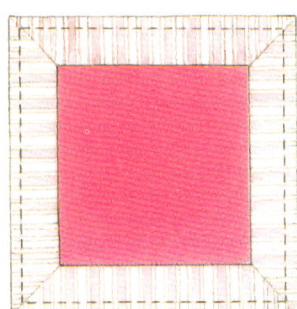

Fig. 17c　　　　　　　　Fig. 17d

SUGERENCIA. *La parte delantera de la funda puede hacerse unos centímetros más pequeña que la posterior para que la tela de ésta asome por detrás, enmarcándola.*

ARRIBA: Los almohadones del asiento y del respaldo están ribeteados en un color contrastante con las esquinas fruncidas.

RULOS

Estos cojines cilíndricos se usaban tradicionalmente para apoyar las almohadas de la cama. Además de por su interés decorativo, en la actualidad se recurre a ellos cuando se necesita un apoyo firme para la espalda o los brazos. Las telas con un dibujo direccional, por ejemplo, rayas, motivos geométricos y enrejados, combinan muy bien con estos cojines, que pueden utilizarse vertical u horizontalmente. La gomaespuma del relleno se corta al tamaño adecuado. Las fundas suelen llevar cremallera para poderlas quitar fácilmente.

Rulo ribeteado

MEDIDAS

Hacer un patrón de papel rectangular utilizando como medidas la longitud y la circunferencia del rulo y añadir 1,5 cm de margen de costura todo alrededor. Hacer un patrón redondo, para los lados, con la medida del diámetro del rulo (instrucciones para realizar un patrón para una funda redonda en p. 11) y añadir 1,5 cm de margen de costura todo alrededor *(fig. 18)*.

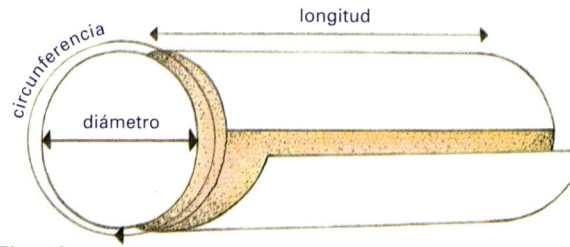

Fig. 18

MATERIAL NECESARIO

Patrón de papel: 1 pieza rectangular y 2 piezas redondas
Tela
Ribete: cantidad suficiente para bordear ambos lados más unos centímetros para las uniones
Cremallera: 10 cm más corta que la longitud del rulo
Almohadilla interior de gomaespuma dura

INSTRUCCIONES

1. Cortar la tela de acuerdo con el patrón. Hacer un pespunte en ambos lados cortos (del rectángulo grande) a lo largo de la línea de costura. Dar unos cortes en el margen de costura a intervalos regulares (fig. 19a).

Fig. 19a

2. Doblar la tela por la mitad a lo largo, derecho sobre derecho, y coser 5 cm en ambos extremos (1,5 cm de margen de costura) (fig. 19b). Hilvanar la abertura por la línea de costura y colocar la cremallera (pasos 3 y 4, pp. 11-12), con lo que se obtendrá un tubo.

3. Retirar el hilván, abrir la cremallera y dar la vuelta a la funda.

Fig. 19b

4. Dar piquetes todo alrededor del margen de costura del ribete, hilvanarlo y coserlo, por el derecho, a las dos piezas circulares (fig. 19c).

Fig. 19c

5. *Colocar los círculos sobre los extremos de la funda, derecho sobre derecho, sujetarlos con alfileres, hilvanarlos y coserlos (fig. 19d). Rematar las costuras, dar la vuelta a la funda y planchar. Introducir el cilindro de gomaespuma.*

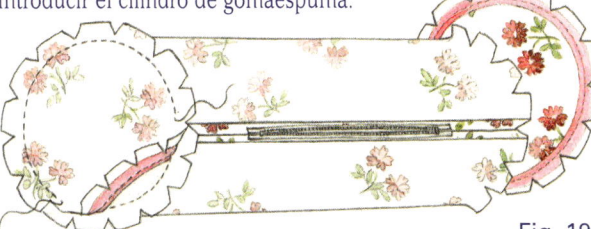

Fig. 19d

ARRIBA: Un rulo fruncido, un cojín liso ribeteado en verde y otro estampado con borde liso sobre un almohadón armado asimismo ribeteado.

Rulo con laterales fruncidos

MEDIDAS
Este rulo se confecciona con un rectángulo de tela. Para calcular la cantidad necesaria, se suma, para el largo, la longitud del rulo más el diámetro más 3 cm y, para el ancho, la circunferencia del rulo más 3 cm *(p. 24)*. Para este cojín no es necesario hacer ningún patrón.

MATERIAL NECESARIO
Tela
Cilindro de gomaespuma dura
Botón forrado (o disco de cartón)

INSTRUCCIONES
1. *Doblar la tela por la mitad a lo largo, derecho sobre derecho, y coser a 1,5 cm del borde. Planchar la costura abierta. Marcar, con la plancha, un dobladillo de 1,5 cm en ambos extremos.*
2. *Dar la vuelta a la funda y hacer, a mano, dos pasadas a punto de frunce en cada lado (fig. 20a).*
3. *Introducir el cilindro de gomaespuma centrándolo bien, de forma que en cada extremo quede la misma cantidad de tela.*
4. *Tirar de los hilos de frunce y distribuir los pliegues uniformemente. Anudar los hilos y asegurarlos con unas puntadas (fig. 20b).*
5. *Forrar dos botones (fig. 20c) (siguiendo las instrucciones del fabricante), colocarlos sobre los frunces y coserlos en el centro de ambos lados.*

Fig. 20c

Fig. 20a

Fig. 20b

Rulo rematado con nudo

Esta es una manera divertida y original de rematar el extremo frontal de un rulo que se utilice a modo de apoyabrazos en un sofá. El extremo opuesto, que se coloca contra el respaldo, es liso.

MEDIDAS

Se necesita un rectángulo de tela y una pieza circular para rematar uno de los lados. Para calcular la cantidad de tela necesaria, sumar a la longitud del rulo tres cuartas partes de ésta. El ancho es la circunferencia del cilindro de gomaespuma más 3 cm. La pieza circular ha de tener el diámetro del extremo lateral del rulo más 1,5 cm de margen de costura todo alrededor *(p. 24)*.

MATERIAL NECESARIO

Patrón: 1 pieza rectangular y 1 pieza redonda
Tela
Galón o puntilla: longitud del lado corto del rectángulo más unos centímetros
Cilindro de gomaespuma dura

INSTRUCCIONES

1. *Pasar una hilera de puntadas por la línea de costura de uno de los lados cortos del rectángulo y dar piquetes en el margen de costura (fig. 21a). Coser un galón o una puntilla en el borde del extremo opuesto siguiendo las instrucciones de la página 66.*

2. *Doblar la tela por la mitd a lo largo, derecho sobre derecho, y coser. Planchar la costura abierta.*
3. *Colocar la pieza circular sobre el extremo piqueteado de la funda, derecho sobre derecho, y dar unos cortes en el margen de costura de aquélla. Dar la vuelta a la funda (fig. 21b).*
4. *Introducir el cilindro de gomaespuma. Hacer un nudo con la tela sobrante, centrándolo lo más posible sobre el cilindro de gomaespuma.*

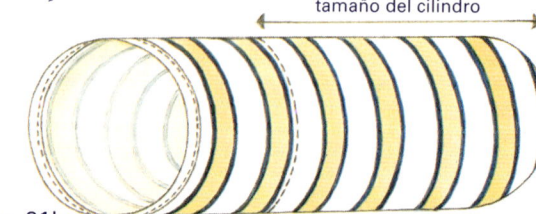

Fig. 21b

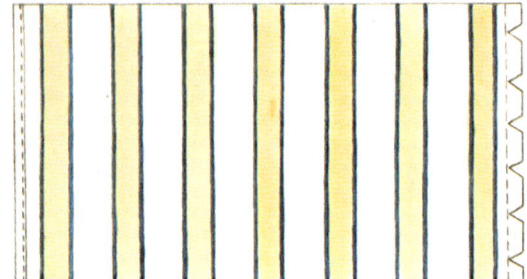

Fig. 21a

ARRIBA: Cojín liso con ribetes decorativos apoyado sobre un rulo rematado con un nudo.

PÁGINA OPUESTA: ¿Se puede pedir más comodidad? Almohadones para el respaldo con esquinas redondeadas y fruncidas, un asiento ribeteado, rulos anudados para los brazos y cojines lisos adornan este banco de madera.

Cojín cervical en forma de rulo

Esta es una versión mucho más pequeña del rulo convencional y lo hemos incluido aquí porque su forma es similar a la de aquél. La almohadilla interior no es dura, sino que puede utilizarse cualquiera de los rellenos para cojines *(p. 10)*. Por su forma cilíndrica y su blandura resulta ideal para el cuello. Además de femenino y decorativo, resulta un complemento ideal de los cojines que se esparcen encima de la cama. El contraste es aún mayor junto a un almohadón armado, pues en esta composición resaltan más las distintas formas.

Este pequeño cojín tiene una historia nostálgica. Mi bisabuela tenía uno, y yo siempre la recuerdo recostada contra un montón de almohadas con el cuello apoyado en su pequeño rulo blanco. Fue un regalo de su hija, quien luego me pasó a mí el patrón.

Confección de la funda interior

Para la funda interior se necesita un trozo de tela de forro de 36 cm × 39 cm y dos círculos de 15 cm de diámetro. Confeccionarla siguiendo las instrucciones del rulo ribeteado *(pp. 24-25)*, pero omitiendo el ribete y la cremallera. Mantener la abertura correspondiente a ésta y dejar un margen de costura de 1,5 cm. Rellenar con el material preferido y cerrar la abertura con puntadas invisibles.

Confección de la funda exterior

MATERIAL NECESARIO

Un rectángulo de tela: 41 cm × 49 cm
2 tiras de tela para los volantes de 9 cm × 85 cm cada una (también puede utilizarse puntilla)
2 tiras de puntilla o galones al bies: 85 cm de largo cada una
2 cenefas: 42 cm de largo cada una
2 cintas de seda para las ataduras: 50 cm de largo cada una *Cinta velcro*

INSTRUCCIONES

1. *Sobrehilar, a punto sencillo o en zigzag, todos los bordes del rectángulo.*
2. *Hacer un dobladillo de 2 cm en ambos lados largos. Planchar y coser.*
3. *Hacer una jareta en cada uno de los lados cortos doblando 2 cm de tela. Planchar y coser* (fig. 22a).

Fig. 22a

4. *Marcar una línea, por el derecho, a 7 cm del borde de ambos lados cortos* (fig. 22b).

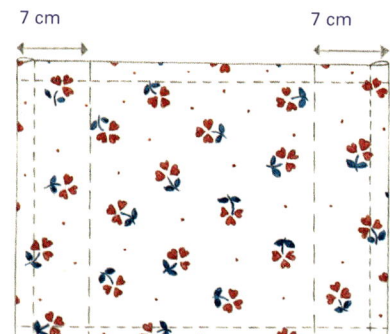

Fig. 22b

5. *Rematar tres de los lados de las tiras de los volantes con un dobladillo de 5 cm. Hacer una pasada a punto de frunce en los lados largos y fruncir hasta la medida requerida (44 cm).*
6. *Planchar, hacia el revés, los bordes de las cenefas para centrar bien el dibujo por el derecho. Doblar 1 cm cada lado corto y planchar* (fig. 22c).

7. *Colocar la cenefa sobre la línea marcada y sujetar con alfileres, cogiendo también el volante (fig. 22d). Coserla por ambos lados. Repetir en el extremo opuesto (fig. 22e).*

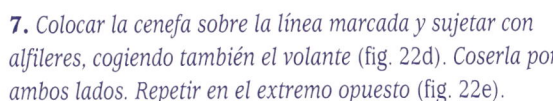

Fig. 22c

Fig. 22d

Fig. 22e

8. *Colocar tiras de velcro en ambos lados largos de la funda a modo de cierre (fig. 22f).*
9. *Introducir las cintas por las jaretas (fig. 22f).*
10. *Enrollar la funda alrededor del relleno interior, unir las tiras de velcro, tirar de los extremos de las cintas y hacer sendos lazos (fig. 22f).*

Fig. 22f

COJINES ARMADOS

Con este nombre se designan los almohadones y cojines de gomaespuma dura forrada de tela. Estos cojines se utilizan, sobre todo, en muebles de caña y mimbre, en ventanas saledizas, etc. y, de hecho, convierten muchas superficies duras en asientos confortables.

La mejor forma de tapizar un cojín de estas características es utilizar un escudete, en el que se coloca una cremallera para poder quitar la funda con facilidad. Las costuras superior e inferior pueden rematarse con un ribete, lo que mejora notablemente el aspecto general. La gomaespuma puede cortarse de cualquier forma y tamaño.

Almohadón cuadrado ribeteado

MEDIDAS

Medir el ancho y el largo del trozo de gomaespuma, añadir 1,5 cm de margen de costura todo alrededor y hacer un patrón con estas medidas (A). Medir la longitud y la altura de uno de los lados, añadir 1,5 cm de margen de costura todo alrededor y hacer un patrón (B) con estas medidas. Hacer otro patrón utilizando las medidas de (C) y añadir 3 cm en la parte correspondiente a la altura (lado corto). *(Fig. 23a.)*

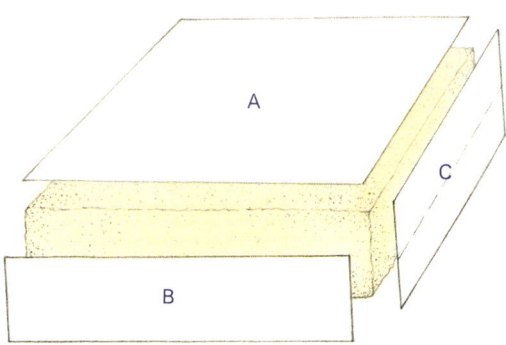

Fig. 23a

El escudete de los tres lados puede confeccionarse con una tira de tela que mida la longitud total de los tres lados por la altura más 1,5 cm de margen de costura todo alrededor. El patrón C no varía.

MATERIAL NECESARIO
Patrón de papel: A, B y C
Tela
Cremallera: 5 cm más corta que el patrón C
Ribete: longitud necesaria para rodear dos veces todos los lados más un trozo para las uniones
Cuadrado de gomaespuma

INSTRUCCIONES

1. *Cortar las siguientes piezas de tela:*
   2 veces el patrón A
   3 veces el patrón B (o una tira continua según se explica más arriba)
   1 vez el patrón C

2. *Cortar la pieza C por la mitad a lo largo, colocar las telas, derecho sobre derecho, y coser empezando por los extremos, dejar una abertura para la cremallera. Montar la cremallera (pasos 3 y 4, pp. 11-12).*

3. *Coser, derecho sobre derecho, a 1,5 cm del borde cogiendo también los lados cortos de las cuatro tiras de refuerzo. Dejar una abertura de 1,5 cm en la parte superior e inferior de cada costura. Asegurar las costuras, rematando los extremos a pespunte (fig. 23b).*

1,5 cm de abertura

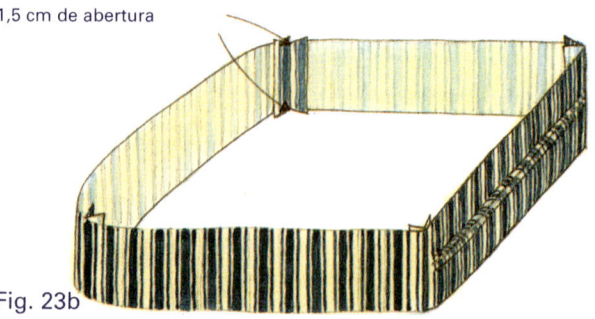
Fig. 23b

4. *Prender con alfileres e hilvanar el ribete, por el derecho de la pieza superior e inferior, haciendo coincidir la unión en la parte posterior del almohadón. Recortar las esquinas. Coser los extremos del ribete (p. 66).*

5. *Prender con alfileres e hilvanar el escudete, derecho sobre derecho y bordes sin rematar juntos, a la pieza inferior, haciendo coincidir las esquinas y marcándolas bien (fig. 23c). Coser.*

6. *Con la cremallera abierta, repetir el paso 5 en la pieza superior. Rematar las costuras, dar unos piquetes en las esquinas, dar la vuelta a la funda y planchar. Introducir el almohadón de gomaespuma.*

Fig. 23c

Almohadón armado rectangular

Los almohdones rectangulares se confeccionan igual que los cuadrados, modificando debidamente las medidas de las tiras de refuerzo. La cremallera se monta en una de las tiras largas y deberá ser una cuarta parte más corta que ésta.

PÁGINA OPUESTA: Rulos fruncidos, un almohadón armado rematado con ribete y un grupo de cojines lisos y estampados, con y sin borde, forman un acogedor asiento al sol. El mantel, de la misma tela que algunos cojines, se adorna con un volante muy ancho.

Almohadón armado redondo

MEDIDAS

Medir el diámetro de la almohadilla interior de gomaespuma, añadir 1,5 cm de margen de costura todo alrededor y hacer un patrón de papel (A) con estas medidas *(p. 11)*. Medir la circunferencia y la altura de la gomaespuma y hacer un patrón de papel (B) con las siguientes medidas: dos tercios de la circunferencia por la altura, más 1,5 cm de margen de costura todo alrededor. Hacer un tercer patrón (C) con las siguientes medidas: dos tercios de la circunferencia por la altura, más 1,5 cm de margen de costura todo alrededor más 3 cm en la parte correspondiente a la altura (lado corto).

MATERIAL NECESARIO

Patrón de papel: A, B y C
Tela
Ribete: 2 veces la circunferencia más un trozo
Cremallera: 5 cm más corta que el lado largo del patrón C
Cojín redondo de gomaespuma

INSTRUCCIONES

1. Cortar las siguientes piezas de tela:
   2 veces el patrón A; 1 vez el patrón B; 1 vez el patrón C
2. Cortar la pieza C por la mitad a lo largo, colocar las telas, derecho sobre derecho, y coser 1,5 cm por cada extremo, dejando una abertura central para la cremallera. Montar la cremallera (pasos 3 y 4, pp. 11-12).
3. Aplicar los escudetes (B y C), derecho sobre derecho, dejando 1,5 cm de margen de costura.
4. Hacer una pasada de puntadas alrededor del borde superior e inferior del escudete por la línea de costura. Dar unos cortes en el margen de costura a intervalos regulares para facilitar la colocación de la pieza superior e inferior (fig. 24).
5. Prender con alfileres e hilvanar el ribete, por el derecho, a la pieza superior e inferior (A), dar piquetes en el margen de costura a intervalos regulares (fig. 24). Unir los extremos del ribete (p. 66).

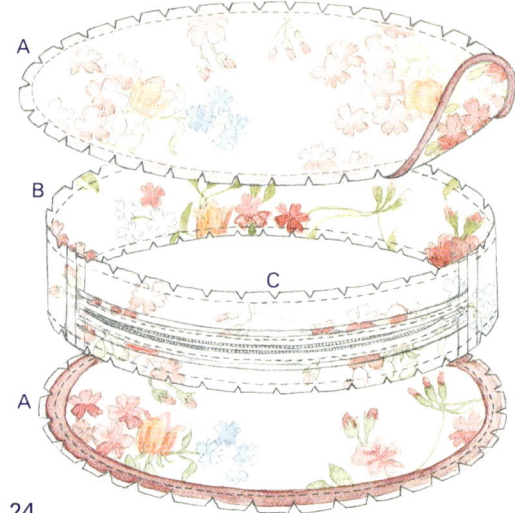

Fig. 24

6. Colocar el escudete sobre la pieza superior, derecho sobre derecho y bordes sin rematar juntos, sujetar con alfileres e hilvanar. Repetir, con la cremallera abierta, en la pieza inferior. Recortar las costuras, dar la vuelta a la funda y planchar. Introducir el cojín de gomaespuma.

Cojín armado con formas distintas

Con este mismo procedimiento pueden confeccionarse cojines de múltiples formas. Sacar la plantilla de la plancha de gomaespuma y hacer los patrones correspondientes, añadiendo siempre 1,5 cm de margen de costura. Disponer la abertura de la cremallera en la parte más ancha del cojín y asegurarse de que es lo suficientemente grande para introducir por ella la gomaespuma.

PÁGINA OPUESTA: Delicioso dormitorio femenino, con colcha de color crema, cortinas y doselera con volantes del mismo color y cojines adornados con puntillas, lazos y jaretas.

PÁGINA SIGUIENTE: Dormitorio romántico con colgaduras de tela sujetas a un marco de madera suspendido del techo.

SEGUNDA PARTE
COBERTORES PARA DORMITORIOS

*U*n dormitorio es, esencialmente, un espacio privado, un lugar donde retirarse y refugiarse del mundo exterior, una estancia para descansar y recuperarse. Aunque en materia de decoración los gustos varían notablemente, el objetivo principal debería ser siempre conseguir una atmósfera de relajante serenidad.

De toda la casa, el dormitorio es precisamente la habitación que debe decorarse de acuerdo con las preferencias personales del usuario, a quien por ello mismo debe reconocérsele plena libertad para poner en práctica sus ideas. Si el dormitorio se comparte con otra persona, deberán tenerse asimismo en cuenta las necesidades y los gustos de ésta. Particularmente, me parece que la mayoría de los hombres han aceptado que las mujeres plasmen su feminidad en la decoración de los dormitorios. Si, no obstante, a vuestra pareja no le gustan los lazos ni los volantes, podéis optar por crear un ambiente más sobrio combinando telas de rayas geométricas y estampados tradicionales en colores «masculinos», lo que dará sensación de sobriedad y simplicidad.

La cama es el mueble más grande del dormitorio y, como tal, un importante elemento en la decoración del mismo, sin por ello descuidar el efecto de las mesillas vestidas, del cubrecanapé, de la colcha o edredón y de los cojines que complementan las almohadas. Los armazones de bronce, hierro y madera y los doseles sostenidos por cuatro columnas realzan aún más la prestancia de la cama, a la vez que brindan una magnífica oportunidad para desarrollar la creatividad decorativa. Sea cual sea el estilo elegido, la ropa de la cama debe coordinarse siempre con la decoración del resto de la habitación, integrándose en ella, para, de este modo, crear ese ambiente de sosiego tan importante en un dormitorio.

CUADRANTES

Los cuadrantes son, en realidad, grandes almohadones cuadrados que tradicionalmente se combinan con el edredón y el cubrecanapé para crear un ambiente particularmente acogedor y familiar. En otros casos tienen, sin embargo, una función más decorativa que funcional. Por su parte, la funda del cuadrante suele hacer juego con el cobertor y el cubrecanapé, contribuyendo así a acentuar la armonía del conjunto.

Cuando estos almohadones se usan realmente como almohadas, esto es, para dormir, las fundas suelen ser lisas y, por lo general, se rematan con un ribete o con un ribete y un volante. Los cuadrantes resultan atractivos y prácticos a la vez. Para confeccionar la funda, sólo hay que seguir las instrucciones de las paginas 20-23.

Si su uso es fundamentalmente decorativo, la parte delantera de la funda puede adornarse con galones, cintas, jaretas y lazos. Los distintos remates sugeridos para cojines sueltos *(p. 19)* pueden utilizarse también en las fundas de estos almohadones.

Cuadrante rematado con ribete y volante

MEDIDAS

Medir el ancho y el largo del almohadón por el centro (estos almohadones suelen ser casi siempre cuadrados) y añadir 1,5 cm de margen de costura todo alrededor. Un buen tamaño para la solapa del bolsillo es 20 cm por el ancho del cojín. Aplicar la fórmula de la página 69 para calcular la cantidad de tela necesaria para el volante.

MATERIAL NECESARIO

Tela para las dos piezas de la funda
Tela para el volante: tiras de 10 cm para un volante sencillo *(p. 69).*
Ribete: cantidad suficiente para bordear los 4 lados más un trozo para las uniones
Tela para la solapa

INSTRUCCIONES

1. *Seguir las instrucciones de las páginas 17-18 (pasos 3-7) para confeccionar y aplicar el volante y el ribete a la parte delantera de la funda (fig. 25a).*

2. *Hacer un dobladillo doble de 1 cm en uno de los lados de la pieza posterior de la funda. Hacer un dobladillo doble de 1 cm en uno de los lados largos de la solapa.*

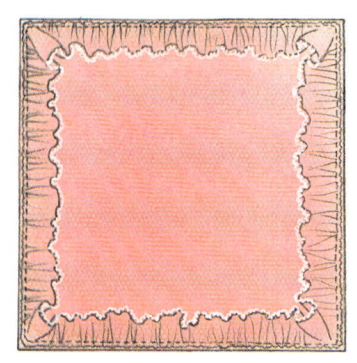

Fig. 25a

3. *Colocar la solapa sobre la pieza posterior, derecho sobre derecho y bordes sin rematar juntos, prender con alfileres e hilvanar. Colocar ésta sobre la pieza superior (derecho sobre derecho y bordes sin rematar juntos), de forma que el borde del dobladillo de la pieza posterior quede alineado con la línea de costura de la superior (fig. 25 b).*

4. *Coser los cuatro lados de la funda (fig. 25b), darle la vuelta y planchar.*

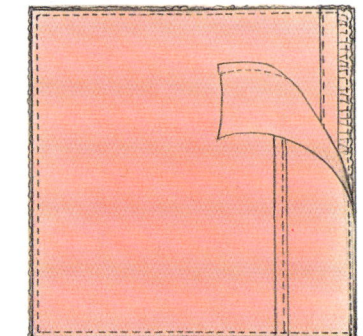

Fig. 25b

CUBRECANAPES

Como su nombre indica, el cubrecanapé oculta la antiestética base de una cama. Tanto si se utiliza con edredón como con colcha, ofrece una magnífica oportunidad para introducir una tela contrastante, pero coordinada con el resto de las telas utilizadas en la habitación. Los cubrecanapés de rayas realzan las líneas nítidas y sobrias de una cama. Para darle un toque femenino, el volante puede fruncirse o si lo que se busca es un acento masculino, tablearse. Otra alternativa es mantener los lados lisos y disponer profundos pliegues invertidos en las esquinas inferiores.

El método básico para confeccionar un cubrecanapé es siempre el mismo: la parte que cubre la base del canapé, que suele ser de tela de forro, se rodea con una tira de la misma tela que el volante, con la que, además, se ocultan las costuras.

Cubrecanapé fruncido

MEDIDAS

Tomar las medidas con especial cuidado, para que el cubrecanapé ajuste perfectamente. Medir la longitud y la anchura de la base de la cama por la parte central. La altura se mide desde el borde superior de la base hasta el suelo *(fig. 26)*.

Fig. 26

COMO CALCULAR LA CANTIDAD DE TELA NECESARIA

1. Para el forro (pieza superior) utilizar las medidas de la longitud y del ancho de la base de la cama y añadir 1,5 cm de margen de costura todo alrededor.

2. Para el ribete se necesitan dos tiras de tela de 15 cm de ancho por el largo de la base más 1,5 cm de margen de costura todo alrededor y otra tira de 15 cm de ancho por el ancho de la base más 1,5 cm de margen de costura todo alrededor.

3. *Aplicar la siguiente fórmula para calcular la cantidad de tela necesaria para el volante: (2 veces la longitud + 1 vez el ancho de la base) × 2. Dividir por 150 (el ancho de la tela) para calcular los anchos de tela necesarios (casar el dibujo en caso necesario; p. 69). Multiplicar el número de anchos por la altura de la cama más 6,5 cm (5 cm para el dobladillo + 1,5 cm de margen de costura superior).*

INSTRUCCIONES

1. *Para unir las tiras del ribete, hacer las esquinas en ángulo (p. 68) y dejar 2 cm libres en el interior de las mismas. Comprobar si este «marco» encaja exactamente en la pieza superior del forro (fig. 27a).*

2. *Marcar, con la plancha, un dobladillo de 1,5 cm por el revés del «marco».*

3. *Dividir por seis la medida total de los dos lados más el extremo inferior del forro. Empezando por una esquina superior, marcar el resultado en los tres lados del forro donde vaya a aplicarse el volante (fig. 27b).*

4. *Unir los anchos de tela para el volante y casar el dibujo si fuera necesario.*

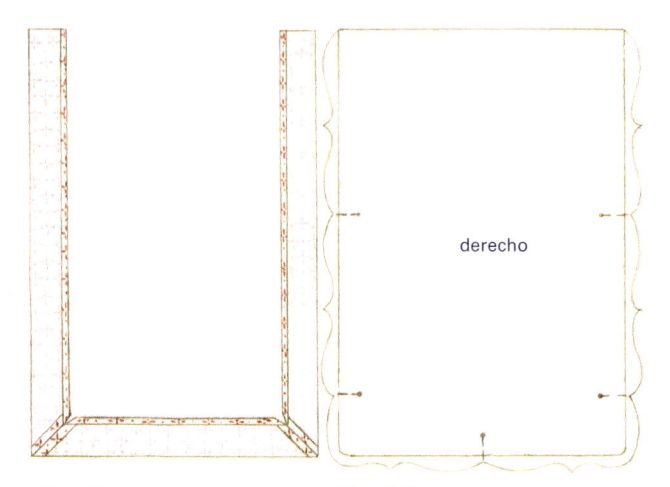

Fig. 27a   Fig. 27b

5. *Marcar, con la plancha, un dobladillo de 5 mm en uno de los bordes largos del volante y, a continuación, otro de 4,5 cm y coser.*
6. *Plegar el volante en seis partes iguales y marcar cada pliegue con jaboncillo de sastre (o alfileres). Preparar la línea de frunce de cada una de estas secciones cosiendo un hilo fuerte, por ejemplo, perlé o algodón para ganchillo, con puntadas en zigzag (fig. 27c).*
7. *Colocar el volante, sin fruncir, sobre el forro, revés sobre revés y bordes sin rematar alineados, unir con alfileres las marcas correspondientes del volante y del forro y fruncir cada sección por separado siguiendo las marcas (fig. 27d). Para asegurar los extremos del hilo de frunce, enrollarlos alrededor de alfileres. Prender e hilvanar el volante. Hacer una costura a 1,5 cm del borde alrededor de los tres lados.*
8. *Colocar el «marco» confeccionado con el ribete sobre el volante, derecho sobre derecho y bordes sin rematar juntos, sujetar con alfileres y coser por la línea de costura (fig. 27d).*
9. *Recortar las costuras y las esquinas y volver el ribete hacia el derecho. Coser el dobladillo del ribete al forro (fig. 27e).*
10. *Doblar dos veces las orillas superiores del volante y del forro y coser el dobladillo (fig. 27f).*

Fig. 27c

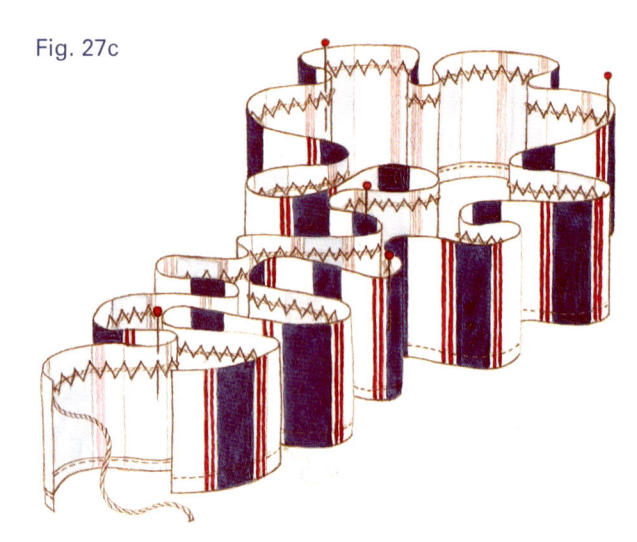

Fig. 27d

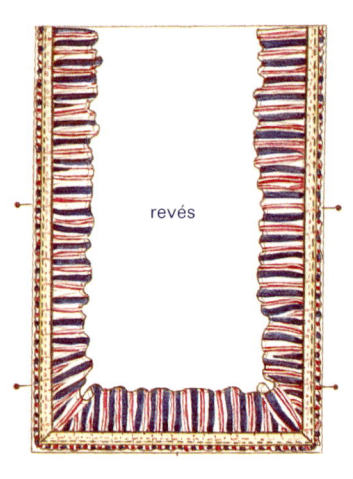

Fig. 27e

Fig. 27f

Ideas para rematar cubrecanapés fruncidos

El delicado estilo femenino de los cubrecanapés fruncidos se presta especialmente para adornarlos con puntillas, entredoses y jaretas, que deben aplicarse y realizarse, siempre en líneas horizontales, antes de fruncir el volante. Otra alternativa más suntuosa es confeccionar el volante con tira bordada de 30 cm de ancho o colocar ésta a modo de sobrevolante sobre las caídas lisas o estampadas. El encaje puede utilizarse del mismo modo e incluso insertarse a intervalos regulares a modo de aplicaciones.

> **NOTA.** *Si el armazón de la cama es de madera o hierro, el cubrecanapé deberá abrirse por las esquinas. Medir con especial cuidado para disponer las aberturas en el lugar exacto. Coser una cinta de tela a cada lado de la abertura y atarlas con una lazada decorativa a las patas de la cama.*

Cubrecanapé tableado

Las instrucciones son las mismas que para confeccionar un cubrecanapé fruncido, excepto las referente al cálculo de la longitud del volante, que en este caso se realiza como sigue: tres veces la medida total de los dos lados de la cama más el ancho del extremo inferior de la base *(fig. 26, p.37)*. La altura es la misma que en el caso anterior. Coser el dobladillo antes de formar las tablas.

10 cm es una medida buena para las tablas. En cada una de las dos esquinas de los pies de la cama deben coincidir los bordes exteriores de dos tablas contiguas. Para conseguirlo, dividir el ancho de la cama en tablas del mismo tamaño en torno a 10 cm (por ejemplo, para una cama de 137 cm de ancho habrá que hacer catorce tablas de 9,79 cm cada una). Hacer una plantilla de cartón de la anchura y longitud de las tablas y, con ella, marcar éstas, por el revés de la tela, con jaboncillo de sastre *(fig. 28a)*. Doblar la línea A sobre la línea C, B sobre D, F sobre D, E sobre G y así sucesivamente en todo el volante *(fig. 28b)*. Sujetar con alfileres e hilvanar las tablas a medida que se vayan formando y cuando se hayan terminado, plancharlas. Colocar la(s) tabla(s) central(es) del volante en el centro exacto del ancho del forro *(fig. 28c)* y

ARRIBA: El cubrecanapé de esta cama de latón está abierto por las esquinas inferiores y se ha atado a las patas con lazos.

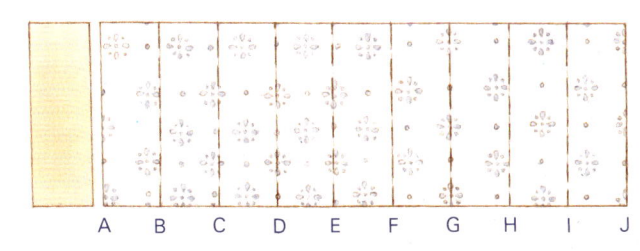

Fig. 28a

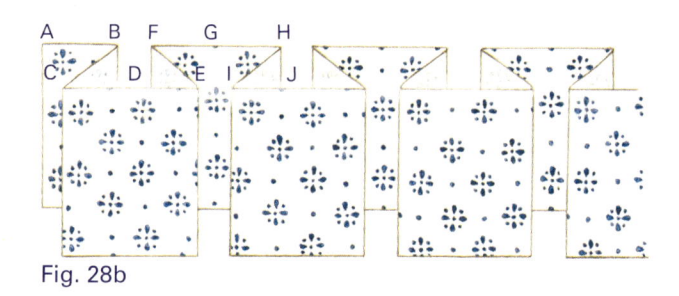

Fig. 28b

Hacer las uniones de forma que coincidan en el interior de la tabla. Medir y formar las tablas (fig. 29a). Plancharlas e hilvanarlas. Seguir las instrucciones anteriores para unir el volante al forro. (Véanse pasos 7-9, p. 38). Para poner un acento personal al volante liso, rematarlo con una cenefa de 3 a 5 cm de ancho o aplicar todo alrededor una puntilla de algodón. Este método puede utilizarse también para tapizar un diván, tal como muestra la fig. 29b.

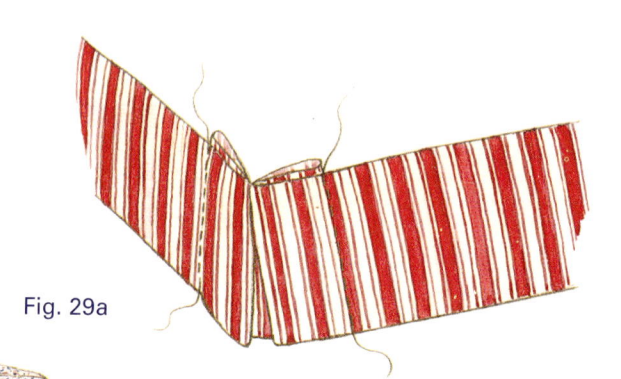

coser éste como se ha indicado anteriormente (paso 7, p. 38). Comprobar que en cada esquina coincidan los bordes exteriores de dos tablas contiguas (fig. 28c). Acabar la cenefa del borde como en el ejemplo anterior (pasos 8 y 9, p. 38).

Para introducir una nota personal en la severa geometría de un cubrecanapé tableado, el dobladillo puede rematarse con galón en color contrastante. Otra posibilidad no menos sugerente es coser uno o dos galones, con una separación de algunos centímetros, ligeramente por encima del dobladillo.

Fig. 29a

Fig. 28c

Cubrecanapé de lados rectos y tablas invertidas en las esquinas

Las instrucciones son las mismas que para confeccionar un cubrecanapé fruncido (p. 37), excepto las referentes al cálculo de la longitud del volante: el ancho de la base de la cama más dos veces el largo más 80 cm para cada tabla (con lo que se obtendrá una tabla de 20 cm de profundidad en cada esquina).

Fig. 29b

EDREDONES Y FUNDAS

Los edredones se han convertido en un cobertor cada vez más popular debido, sobre todo, a su fácil mantenimiento. Además de prácticos, constituyen una parte importante de la decoración de un dormitorio, por lo que las fundas suelen fabricarse en telas coordinadas con el cubrecanapé, las cortinas y demás mobiliario.

Aunque en los establecimientos especializados puede encontrarse un surtido muy amplio, si hacéis la funda vosotras mismas, no sólo ahorraréis dinero, sino que, además, podréis elegir la tela que mejor combine con el resto de la decoración. La tela más adecuada es, sin duda, el algodón.

El algodón transpira y lava muy bien, pero requiere ciertos cuidados al lavarlo y, por supuesto, plancha. Las personas a quienes le desagrade el tacto ligeramente áspero sobre la piel, pueden forrar la parte inferior del edredón con tela de sábana de un color a juego (siempre que las instrucciones de lavado sean compatibles con las del algodón) o si la funda es reversible, utilizarla con una sábana encimera, lo que, entre otras cosas, ahorra muchos lavados de la funda, aunque, por otro lado, ésta se suaviza con el agua.

La confección de una funda nórdica, como suelen denominarse las de los edredones auténticos, no ofrece ninguna dificultad, pues en realidad se trata de una simple bolsa de tela. Los ribetes permiten definir los bordes y los volantes ponen una nota femenina. La parte superior puede adornarse con jaretas, entredoses, puntillas, cenefas, galones e incluso «patchwork». No hay que olvidar, sin embargo, que si el edredón se usa en la forma tradicional, es decir, en sustitución de las sábanas, la funda ha de lavarse con frecuencia, por lo que los adornos deberán ser funcionales.

SUGERENCIA. *Convertir la abertura de la funda en un elemento decorativo. Colocar la abertura a los pies de la cama y cerrarla con tres o cuatro lazos hechos con cintas del mismo o diferente color (a intervalos regulares). (Véase el apartado* Aberturas laterales con lazos *en las páginas 14-15.)*

Funda de edredón básica

MEDIDAS

Los edredones se venden en tres tamaños estándar:
Individual: 135 cm × 200 cm
Matrimonio: 200 cm × 200 cm
Extragrande: 230 cm × 220 cm

En cualquier caso, siempre es aconsejable medir el ancho y la longitud del edredón. En camas de matrimonio, por ejemplo, suelen utilizarse edredones extragrandes. Añadir 2 cm en el extremo superior y ambos lateraleres y 8 cm en el extremo inferior en ambas piezas de la funda. (Usar dos anchos si el edredón mide más de 150 cm.)

MATERIAL NECESARIO
Tela para la parte superior
Tela como la de la parte superior o de sábanas para la parte inferior
Tira con automáticos o velcro

INSTRUCCIONES

1. *Cortar la tela. Unir los anchos; en caso necesario, añadir en ambos lados del primer ancho tantas piezas iguales del segundo ancho como sean necesarias para conseguir el tamaño deseado. Eventualmente, casar el dibujo (p. 69).*
2. *Hacer un dobladillo doble de 2,5 cm en el borde inferior de ambas piezas de la funda.*
3. *Colocar la parte superior sobre la inferior, derecho sobre derecho, y coser 30 cm en cada extremo, justamente por debajo de los dobladillos, dejando una abertura central (fig. 30a).*
4. *Cortar la tira de automáticos o de velcro 3 cm más larga que la abertura. Separar y coser cada parte a un dobladillo, comprobando que los cierres respectivos estén bien alineados (fig. 30b). Dar la vuelta a la funda.*
5. *Para ocultar los bordes sin rematar de las tiras de cierre, rematar los dobladillos con puntadas verticales (fig. 30c). Hacer dos pasadas para asegurarlas bien.*

Fig. 30a

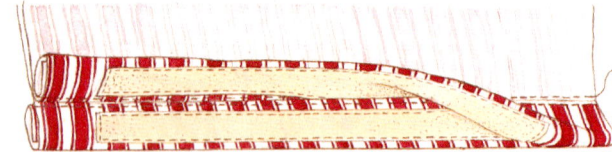

Fig. 30b

Fig. 30c

MATERIAL NECESARIO
Tela para las dos piezas de la funda
Tira bordada: 2 veces el ancho / *Automáticos*

INSTRUCCIONES

1. *Repetir el paso 1 de la página 41.*
2. *Hacer un pequeño dobladillo doble en el borde superior de ambas piezas.*
3. *Coser una tira bordada en el borde superior de la pieza inferior (véase derecha) de forma que el festón quede exactamente encima del dobladillo. Coser una segunda tira para ocultar las puntadas de la primera (fig. 31a).*
4. *Doblar hacia el derecho 30 cm del borde superior (fig. 31b).*
5. *Colocar la pieza superior sobre la inferior, derecho sobre derecho y bordes sin rematar juntos. Coser tres lados a 1,5 cm del borde (fig. 31c).*

6. *Unir los lados de la funda con costuras francesas. Para ello, colocar las telas revés sobre revés, hilvanar y coser los lados largos dejando 1 cm de margen de costura. Recortar éste a 5 mm y dar piquetes en las esquinas. Dar la vuelta a la funda y con las telas colocadas derecho sobre derecho, volver a coser por ambos lados. Rematar el borde superior del mismo modo. Dar la vuelta y planchar.*

Funda de edredón con bolsillo de solapa

Este modelo de funda no requiere cierre de ningún tipo. La funda se confecciona como la de una almohada, disponiendo la solapa en la parte superior. La solapa puede adornarse con tira bordada, jaretas y cintas.

MEDIDAS

Para la parte superior, utilizar el ancho y la longitud del edredón (p. 41) y añadir 1,5 cm de margen de costura todo alrededor. Para la parte inferior, añadir 30 cm a la longitud de la superior.

ARRIBA: La solapa de esta funda se ha adornado con dos volantes de tira bordada.

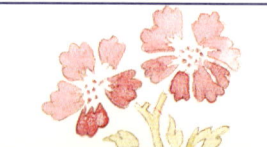

6. *Dar la vuelta a la funda y colocar la solapa sobre la parte superior de la funda a modo de embozo. Planchar todas las costuras.*
7. *Coser unos cuantos automáticos debajo del borde de la solapa y en el lugar correspondiente de la parte superior de la funda (fig. 31d).*

Fig. 31a

Fig. 31b

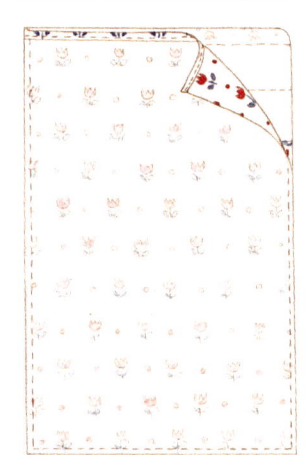

Fig. 31c 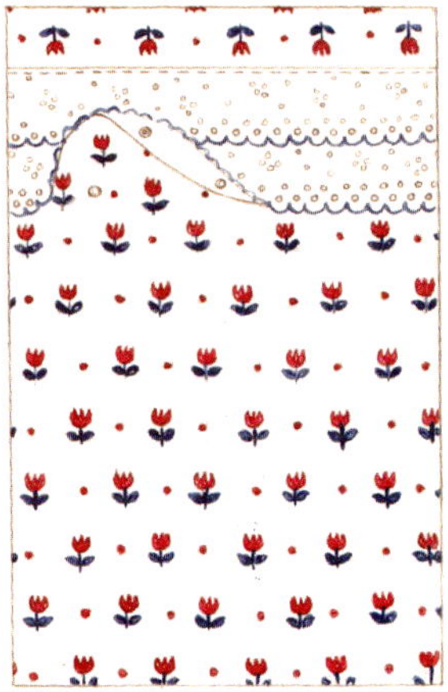   Fig. 31d

Funda de edredón con ribete y volante

MEDIDAS

Para la pieza superior, utilizar el ancho y la longitud de la funda básica *(p. 41)* y añadir 1,5 cm de margen de costura todo alrededor. (Calcular dos anchos si el edredón mide más de 150 cm.)
Para la pieza inferior, utilizar el ancho y la longitud de la funda básica *(p. 41)* y añadir 1,5 cm de margen de costura en el borde superior y ambos laterales y 8 cm en el extremo inferior. (Utilizar dos anchos si es necesario.)

SUGERENCIA. *Para garantizar mayor confort, la abertura debe disponerse a los pies de la cama, pero si os resulta antiestético o la funda es reversible, puede colocarse en el extremo superior.*

El volante debe medir, sin fruncir, 2 1/4 veces la longitud de los cuatro lados (o tres veces si el borde superior se deja liso) (p. 69). Para un volante sencillo se necesitan tiras de 10 cm y para uno doble, tiras de 18 cm. Las fundas reversibles requieren siempre doble volante (p. 19).

MATERIAL NECESARIO
Tela para las dos piezas de la funda y el volante
Ribete: cantidad necesaria para bordear los cuatro lados más un trozo para las uniones
Una tira de tela para las vistas: 8 cm de ancha y tan larga como el ancho del edredón
Tira de automáticos o velcro

INSTRUCCIONES

1. *Cortar la tela a la medida de ambas piezas de la funda, unir los anchos añadiendo trozos iguales del segundo ancho a ambos lados del primer ancho hasta obtener la medida requerida (véase fig. 33b, p. 45).*
2. *Hacer un dobladillo doble de 2,5 cm en el borde inferior de la pieza inferior.*

3. *Colocar el ribete sobre la pieza superior, derecho sobre derecho y bordes sin rematar juntos, sujetar con alfileres e hilvanar (paso 3, p. 16).*

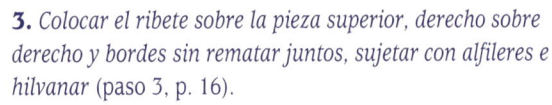

4. *Unir las tiras del volante con costura francesa (paso 6, p. 42) hasta formar un círculo grande. Si el volante es sencillo, rematar uno de los bordes con un pequeño dobladillo doble; si es doble, doblar la tela por la mitad a lo largo.*
Plegar el volante en ocho partes iguales y marcar los pliegues. Preparar la línea de frunce de cada sección cosiendo un hilo de perlé o de algodón para ganchillo con puntadas en zigzag (fig. 13b, p. 17).

5. *Dividir la medida total de los lados de la funda donde se pegará el volante en ocho partes iguales. Marcar estos puntos con jaboncillo de sastre (o alfileres) empezando por una esquina (fig. 27b, p. 37).*

6. *Colocar el volante, sin fruncir, sobre las marcas correspondientes de la funda, derecho sobre derecho y bordes sin rematar juntos, y fruncir cada sección hasta dejar el volante a la medida que corresponda. Asegurar los extremos de los hilos de frunce enrollándolos alrededor de alfileres y prender y coser el volante.*

7. *Ribetear los bordes del extremo inferior con el galón (fig. 32).*

8. *Colocar la pieza superior sobre la inferior, derecho sobre derecho, coser el borde inferior 30 cm por cada extremo, justamente por debajo de la línea de costura anterior, y dejar una abertura central. Repetir los pasos 4 y 5 de la página 41.*

9. *Coser los tres lados restantes, derecho sobre derecho y bordes sin rematar juntos. Acabar las costuras y sobrehilar en zigzag los bordes sin rematar. Dar la vuelta a la funda y planchar.*

COLCHAS

La colcha es el cubrecama más popular. Puede ser forrada, acolchada o de «patchwork». Asimismo puede colgar hasta el suelo por tres lados de la cama o cubrir solamente el colchón y un pequeño trozo del canapé. En el primer caso, las esquinas suelen redondearse para conseguir un efecto más decorativo. Si la cama tiene un armazón de madera o metal, la colcha suele remeterse debajo del colchón en la zona correspondiente a los pies.

Fig. 32

ARRIBA: Jaretas, cintas y puntillas adornan los cojines esparcidos sobre la colcha.

Colcha forrada y ribeteada

Esta es la colcha más fácil de confeccionar. El procedimiento es el mismo tanto si la tela del forro es la misma que la de la colcha, en cuyo caso tendremos un cobertor reversible, como si se utiliza una tela diferente más barata.

MEDIDAS

En primer lugar hay que decidir si la colcha debe colgar hasta suelo o cubrir solamente el colchón. Tomar las medidas del ancho y del largo con la cama hecha *(fig. 33a)* y añadir 2 cm de margen de costura todo alrededor.

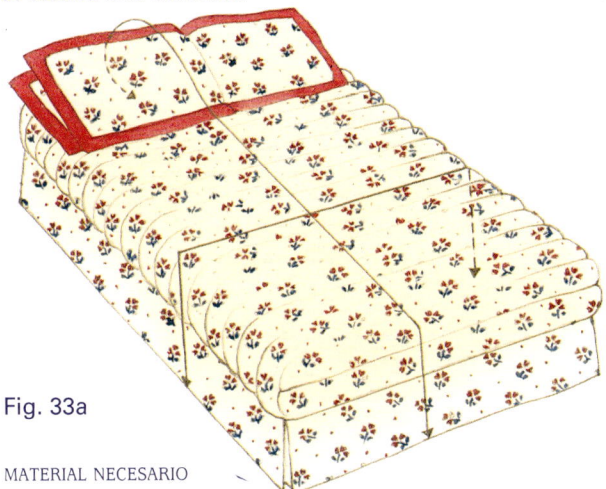

Fig. 33a

MATERIAL NECESARIO

Tela de tapicería para la parte superior
Tela de tapicería o de algodón para el forro
Ribete: Cantidad necesaria para bordear los cuatro lados más un trozo extra para las uniones

SUGERENCIA. *Al calcular la cantidad de tela necesaria para confeccionar una colcha, es importante recordar que si la cama mide más de 150 cm de ancho, se necesitarán dos anchos de tela tanto para la parte superior como para el forro. Casar los dibujos (p. 69).*

INSTRUCCIONES

1. *Repetir el paso 1 de la página 43.*
2. *Redondear las dos esquinas inferiores de las dos piezas de la colcha (fig. 33b).*

Fig. 33b

3. *Colocar el ribete sobre el derecho de la tela, sujetar con alfileres e hilvanar.*
4. *Colocar la tela de colcha y el forro, derecho sobre derecho y bordes sin rematar juntos, prender con alfileres e hilvanar. Coser todo alrededor dejando una abertura de 50 cm en el borde superior. Recortar las costuras, dar piquetes en el margen de costura de las esquinas redondeadas, dar la vuelta a la colcha y planchar.*
5. *Cerrar la abertura con puntadas invisibles o hacer una pasada de puntadas paralelas a 1 cm del borde todo alrededor.*

Colcha confeccionada con tela acolchada

Por su aspecto, textura y mayor resistencia a la formación de arrugas, las telas acolchadas resultan ideales como cobertores. Como, además, el forro suele ser de algodón, se pueden utilizar directamente.

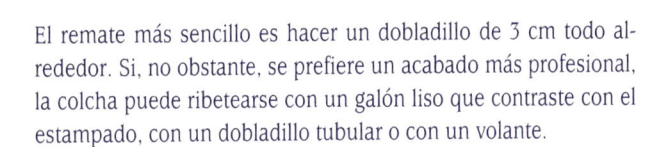

El remate más sencillo es hacer un dobladillo de 3 cm todo alrededor. Si, no obstante, se prefiere un acabado más profesional, la colcha puede ribetearse con un galón liso que contraste con el estampado, con un dobladillo tubular o con un volante.

Borde liso

MEDIDAS

Tomar las medidas como se ha indicado anteriormente *(fig. 33a, p. 45)* y añadir 1,5 cm de margen de costura todo alrededor.

Si la colcha que se va a rematar con un orillo liso tiene las esquinas cuadradas, las tiras correspondientes deben cortarse en dirección del grano de la tela. Cortar tiras de 8 cm de ancho hasta obtener la longitud requerida (para los dos laterales y el extremo inferior de la cama; la cabecera no se remata con orillo).

Si la colcha tiene las esquinas redondeadas, habrá que cortar las tiras, asimismo de 8 cm de ancho, al bies *(p. 65)*. Para calcular los metros necesarios, sumar la longitud de los dos lados más la de la parte inferior.

MATERIAL NECESARIO

Tela acolchada: véase Sugerencia en página 45
Tela para el ribete

INSTRUCCIONES PARA RIBETEAR ESQUINAS CUADRADAS

1. *Repetir el paso 1 de la página 43.*
2. *Colocar el ribete sobre la colcha, derecho sobre revés y bordes sin rematar juntos, y coser (empezando por uno de los lados)* (fig. 34a).
3. *Doblar el ribete hacia el derecho y planchar la costura plana. Marcar, con la plancha, un dobladillo de 1 cm a lo largo de los bordes sin rematar del ribete. Coser éste a la colcha con puntadas paralelas al borde traspasando todas las capas de tela* (fig. 34 b).
4. *Repetir la operación en el borde inferior y superior (opcional) de la colcha. Las esquinas pueden hacerse planas (fig. 34b) o en ángulo (p. 68).*

Fig. 34a

Fig. 34b

INSTRUCCIONES PARA RIBETEAR ESQUINAS REDONDAS

1. *Cortar la tela y unir los anchos (véase paso 1 de la página 43).*
2. *Hacer un dobladillo doble en el borde superior de la colcha y coser.*
3. *Coser el bies a la colcha, derecho sobre revés y bordes sin rematar juntos, empezando por el extremo superior de uno de los lados. Estirar ligeramente al ribetear las esquinas.*
4. *Para el acabado, repetir el paso 3 de las esquinas cuadradas (fig. 35).*

Fig. 35

Dobladillo tubular

MEDIDAS

Tomar las medidas como en el ejemplo anterior *(fig. 33a, p. 45)* y añadir 1,5 cm de margen de costura todo alrededor. Si no se quiere que el dobladillo arrastre por el suelo, ajustar bien las medidas.

MATERIAL NECESARIO

Tela acolchada
Tela para el rulo: para un rulo de 5 cm de diámetro se necesita un bies de 18 cm de ancho y de la longitud de la suma de los dos lados más el extremo inferior de la cama
Guata: una tira de la misma longitud que el bies y de 16 cm de ancho

INSTRUCCIONES

1. *Cortar la tela y unir los anchos (véase paso 1 en la página 43).*
2. *Hacer un dobladillo doble en el borde superior de la colcha y coser, dejando en cada extremo una abertura de 1,5 cm.*
3. *Colocar el bies sobre la colcha, derecho sobre derecho y bordes sin rematar juntos, y centrar la guata encima. El bies debe sobresalir 1,5 cm por el borde superior (fig. 36a).*

Fig. 36a

4. *Hacer una costura a 1,5 cm del borde, traspasando todas las capas de tela, en los tres lados de la colcha (fig. 36a).*
5. *Enrollar la guata hasta formar un rulo, hacia el revés de la tela, y sujetar con alfileres (fig. 36b).*

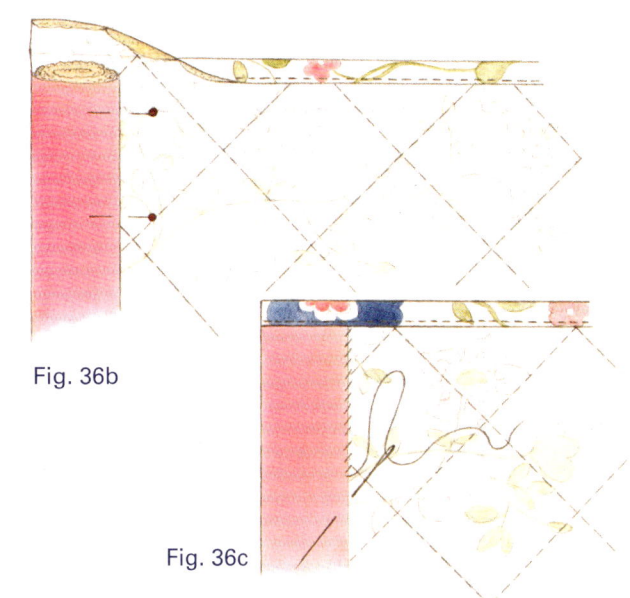

Fig. 36b

Fig. 36c

6. *Marcar, con la plancha, un dobladillo de 1,5 cm en los restantes bordes del bies y doblar sobre el rulo de guata. Coser con puntadas invisibles todo alrededor (fig. 36c) sobre la línea de costura anterior.*

ARRIBA: Colcha con esquinas redondeadas rematada con orillo y ribete.

Ribete con volante

MATERIAL NECESARIO

Tela acolchada

Cordoncillo para ribetear: cantidad suficiente para bordear tres lados

Tela para el volante: 2 1/4 veces la medida de tres lados *(p. 37)*; tiras de 18 cm de ancho para un volante sencillo y de 18 cm para un volante doble

Bies: cantidad suficiente para bordear tres lados

INSTRUCCIONES

1. Repetir el paso 1 de la página 43.
2. Colocar el cordoncillo y el volante en los tres lados de la colcha siguiendo los pasos 3-6 de la página 44.
3. Coser el bies sobre los bordes sin rematar del volante y de la colcha (fig. 37a).
4. Doblar dos veces el extremo del borde superior y coser (fig. 37b).

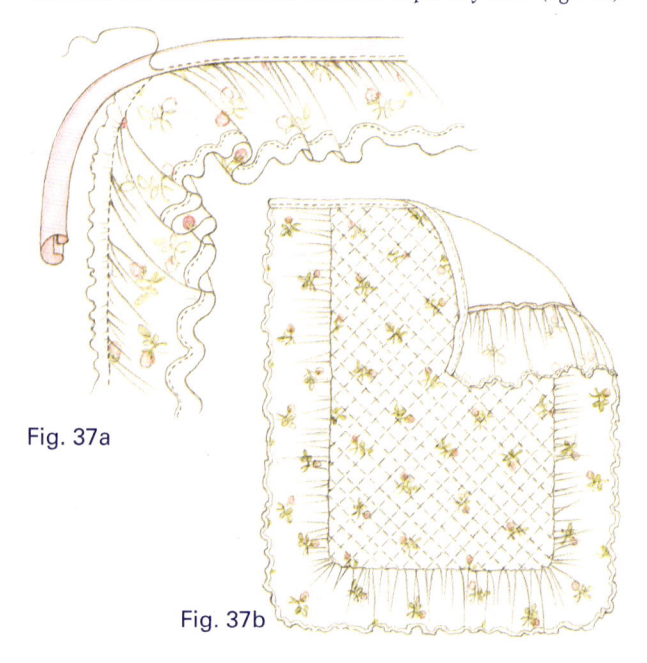

Fig. 37a

Fig. 37b

COLCHAS DE PATCHWORK

La confección de una colcha de patchwork es uno de los trabajos de costura domésticos más gratificantes, que, ciertamente, requiere minuciosidad, dedicación y paciencia. Las telas de algodón son las más adecuadas para esta labor. Las intermedias, es decir, ni muy gruesas ni muy finas, se manejan y cosen con facilidad, los colores están muy bien coordinados y los dibujos son tan variados como abundantes. Comprobar si la tela ha sido tratada previamente para que no encoja. La variedad de dibujos y estampados es tan grande, que sería imposible describir la confección de una colcha con todos y cada uno de ellos, por lo que me he limitado a seleccionar tres de los más populares.

Directrices generales

❏ Utilizar siempre telas del mismo peso en cualquier labor de patchwork.
❏ Planificar el diseño de la colcha en papel cuadriculado, lo que facilita el cálculo de las cantidades de tela necesarias. Añadir siempre unos centímetros de más.
❏ Los cortes nítidos y las costuras rectas son la clave del éxito.
❏ Mantener siempre el mismo margen de costura, por ejemplo, 5 mm.
❏ Para reforzar las costuras, rematar los extremos a punto atrás.
❏ Planchar cada «parche» a medida que se vaya terminando, pero recordar que, una vez terminadas y forradas, las colchas de patchwork no deben plancharse jamás.
❏ Unir siempre los parches por secciones hasta formar cuadrados o rectángulos, pues con ello se facilita el acabado. Para unir tiras largas, dar la vuelta a la labor y coser cada una de ellas en dirección contraria a la anterior. Esta pequeña precaución evita que las costuras «tiren» hacia un mismo lado.
❏ Los trabajos de patchwork asustan a muchas personas, porque piensan que hay que estar tomando medidas constantemente. Para conseguir el tamaño final deseado, el panel central puede rematarse con un borde más o menos ancho. Medir siempre la colcha a lo largo y a lo ancho, por el centro, para calcular la longitud del ribete o galón y coser éste empezando por el centro.

❏ Las colchas grandes se cosen muy mal con las máquinas de coser domésticas. He aquí dos trucos:

1. Acolchar secciones manejables de unos 5 cm de ancho, empezando siempre desde el centro hacia fuera. Unirlas dejando libre el material de relleno. En las zonas donde se solape éste, cortar lengüetas machihembradas y coser a punto de escapulario con puntadas grandes *(fig. 38a)*.

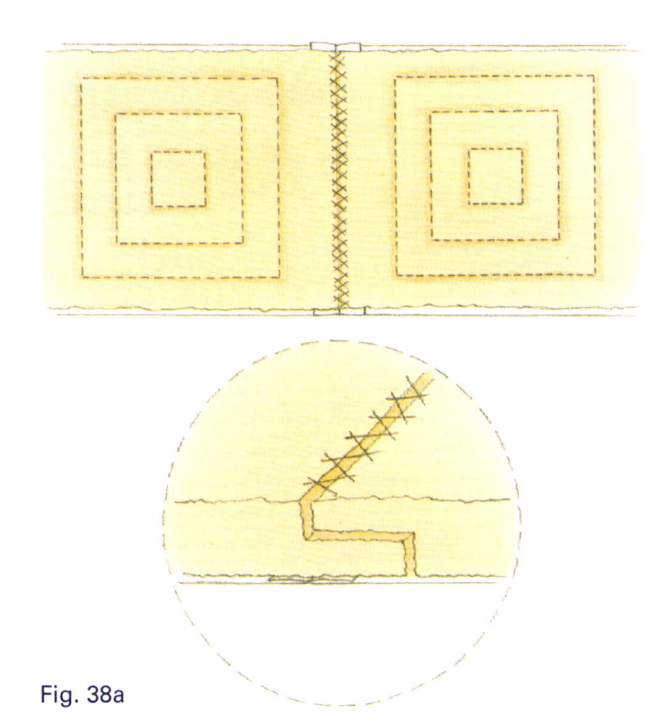

Fig. 38b

Fig. 39a

COMO RIBETEAR Y FORRAR UNA COLCHA

1. El material de poliéster que se utiliza para el acolchado debe sobresalir 3 cm por todos los lados (fig. 39a).
2. Colocar el ribete por el derecho de la colcha, traspasando todas las capas.
3. Colocar la colcha sobre el forro, revés sobre revés, sujetar con alfileres e hilvanar por la línea de costura (fig. 39a).
4. Dar la vuelta a la labor y coser, traspasando todas las capas, hasta más allá de la línea de costura anterior (fig. 39b).
5. Marcar, con la plancha, un dobladillo en el ribete, doblarlo hacia el forro por encima del relleno y coser a mano todo alrededor (fig. 39c).
6. Ribetear primero los lados y luego el borde superior e inferior, respectivamente. Rematar las esquinas.

Fig. 38a

Fig. 39b

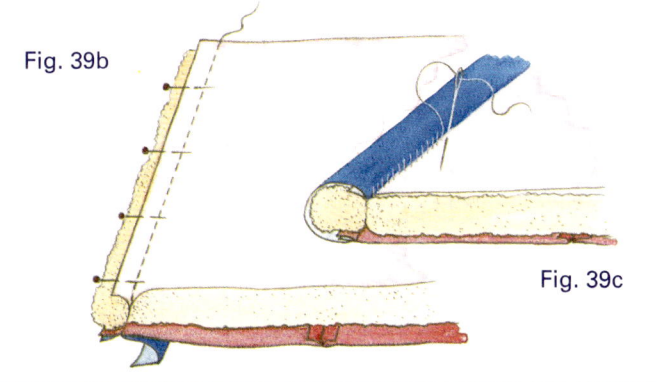

Fig. 39c

2. Colocar la labor de patchwork sobre el material utilizado para el acolchado y sujetar con alfileres. Enrollar la colcha firmemente por ambos extremos y asegurar los rulos con imperdibles *(fig. 38b)*. Coser en línea recta empezando por el centro y desenrollar los rulos sucesivamente *(fig. 38b)*.

TAMAÑOS DE COLCHAS EDREDON ESTANDAR
Individual: 180 cm × 250 cm
Matrimonio: 250 cm × 250 cm
Extragrande: 280 cm × 270 cm

Cobertores acolchados con jaretas y puntilla

Los dos ejemplos que se describen a continuación son variaciones del modelo de colcha clásico.

Cuadrado básico

1. *Cortar cuadrados de tela de 42 cm.*
2. *Hacer jaretas verticales y diagonales, de 2 mm de ancho, en el centro del cuadrado (fig. 40a).*
3. *Colocar la tira bordada y las cintas según se indica (fig. 40b).*

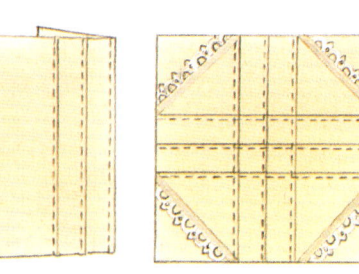

Fig. 40a   Fig. 40b

Confección de una colcha color crema

Esta colcha, que puede confeccionarse con tela blanca o crema, está compuesta en su totalidad por cuadrados básicos. Ver instrucciones más arriba.

COMO CALCULAR LOS CUADRADOS NECESARIOS

Tamaño de la cama	Número de cuadrados
Individual	4 × 6 = 24
Matrimonio	6 × 6 = 36
Extragrande	7 × 6 = 42

MATERIAL NECESARIO
Tela para los cuadrados y las orillas
Puntilla
Cinta

Fig. 41a

Fig. 41b

INSTRUCCIONES
1. *Confeccionar el número de cuadrados necesarios.*
2. *Unir los cuadrados (fig. 41a) y rematar la colcha con el borde elegido hasta obtener el tamaño deseado (fig. 41b).*

Confección de un cobertor acolchado con jaretas y puntilla estampado con motivos de rosas

Para confeccionar esta bonita colcha se han utilizado tres telas estampadas diferentes a base de motivos florales. El surtido de telas coordinadas es hoy dían tan amplio, que la elección puede hacerse perfectamente con arreglo a las preferencias personales.

COMO CALCULAR LOS CUADRADOS NECESARIOS

Tamaño de la cama	*Número de cuadrados*
Individual	3 × 4 = 12
Matrimonio	4 × 4 = 16
Extragrande	5 × 4 = 20

MATERIAL NECESARIO
Tela estampada con motivos de rosas para los cuadrados básicos: cada uno de 41 cm de lado
Puntilla
Cinta
Motivos florales de la tela estampada: aprox. 14 cm de lado
Segunda tela estampada: rectángulos de 39,5 cm × 4 cm
Tercera tela estampada: rectángulos de 39,5 cm × 8,5 cm

INSTRUCCIONES
1. *Hacer un diseño de la colcha en papel cuadriculado. Confeccionar el número de cuadrados básicos necesarios (p. 50) con la tela estampada con motivos de rosas.*
2. *Cortar el número de cuadrados pequeños necesarios (rosas de la tela estampada [fig. 42a]).*
3. *Cortar el número de rectángulos necesarios en las otras dos telas estampadas (fig. 42b).*
4. *Unir los diferentes componentes hasta obtener el tamaño deseado (fig. 42c; fig. 42d).*

Fig. 42a

Fig. 42b

Fig. 42c

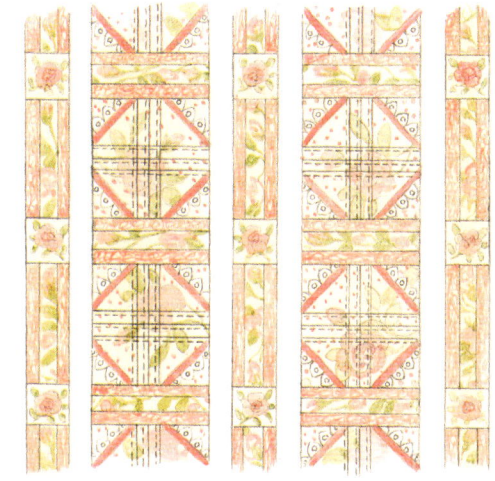

Fig. 42d

Colcha para una habitación masculina

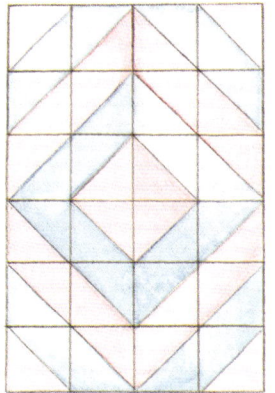

Si sabéis cortar y hacer costuras rectas, podréis confeccionar también esta colcha, compuesta por tiras de tela rectangulares que se cosen, alrededor de un cuadrado central, sobre un forro, asimismo cuadrado, que, además de dar cuerpo a la labor, facilita la colocación de las mismas.

La elección del color y del estampado de las telas es importante. El método tradicional alterna tiras de color claro y oscuro para formar triángulos opuestos a cada lado del cuadrado central. Todos los cuadrados se confeccionan de la misma manera. Las telas de fondo oscuro, donde el contraste lo crean únicamente los colores, por ejemplo, rosa y verde, azul marino y rojo oscuro, permiten conseguir efectos tan atractivos como insólitos.

Personalmente creo que el resultado más interesante se consigue cuando, después de decidir el esquema cromático básico, por ejemplo, rojo oscuro y azul marino, se utilizan discrecionalmente muchas telas diferentes de esos mismos colores. Dicho con otras palabras: aunque los cuadrados no son idénticos, siguen un mismo esquema: las tiras azules forman el triángulo que delimita uno de los lados del cuadrado y las rojas, el opuesto. (Los cuadrados centrales, en cambio, han de ser iguales.) El resultado es sorprendente y según se dispongan los cuadrados, se obtienen efectos distintos *(fig. 43)*.

La mayoría de los diseños requiere el mismo número de tiras de cuadrados tanto a lo ancho como a lo largo. Las tiras suelen medir entre 4 y 6 cm de ancho, incluido un margen de costura de 5 mm a cada lado. El cuadrado central debe ser, como mínimo, del mismo tamaño que el ancho de la tira de tela o incluso mayor. Personalmente, prefiero cortar tiras largas e ir recortándolas al tamaño apropiado y cosiéndolas a medida que se necesitan. El corte exacto de las tiras, de los cuadrados centrales y de los cuadrados del forro es la clave del éxito final.

MEDIDAS

Tomar las medidas como para una colcha *(p. 45)* o utilizar los tamaños estándar *(p. 50)*. Reducirlas a una escala inferior y transferirlas a papel cuadriculado. Calcular el número de cuadrados iguales, entre 15 y 30 cm —el tamaño es opcional—, que se necesitan tanto a lo ancho como a lo largo. Recordar que el panel central de patchwork se remata, por los lados, con una o dos tiras largas. Una vez determinado el tamaño de los cuadros, calcular el del cuadrado central pequeño, así como el número y ancho de las tiras.

Fig. 43

PÁGINA OPUESTA: Los colores sobrios combinan muy bien con un dormitorio masculino. La colcha edredón de estilo rústico, el cubrecanapé tableado y los cojines de borde liso determinan la atmósfera de esta habitación.

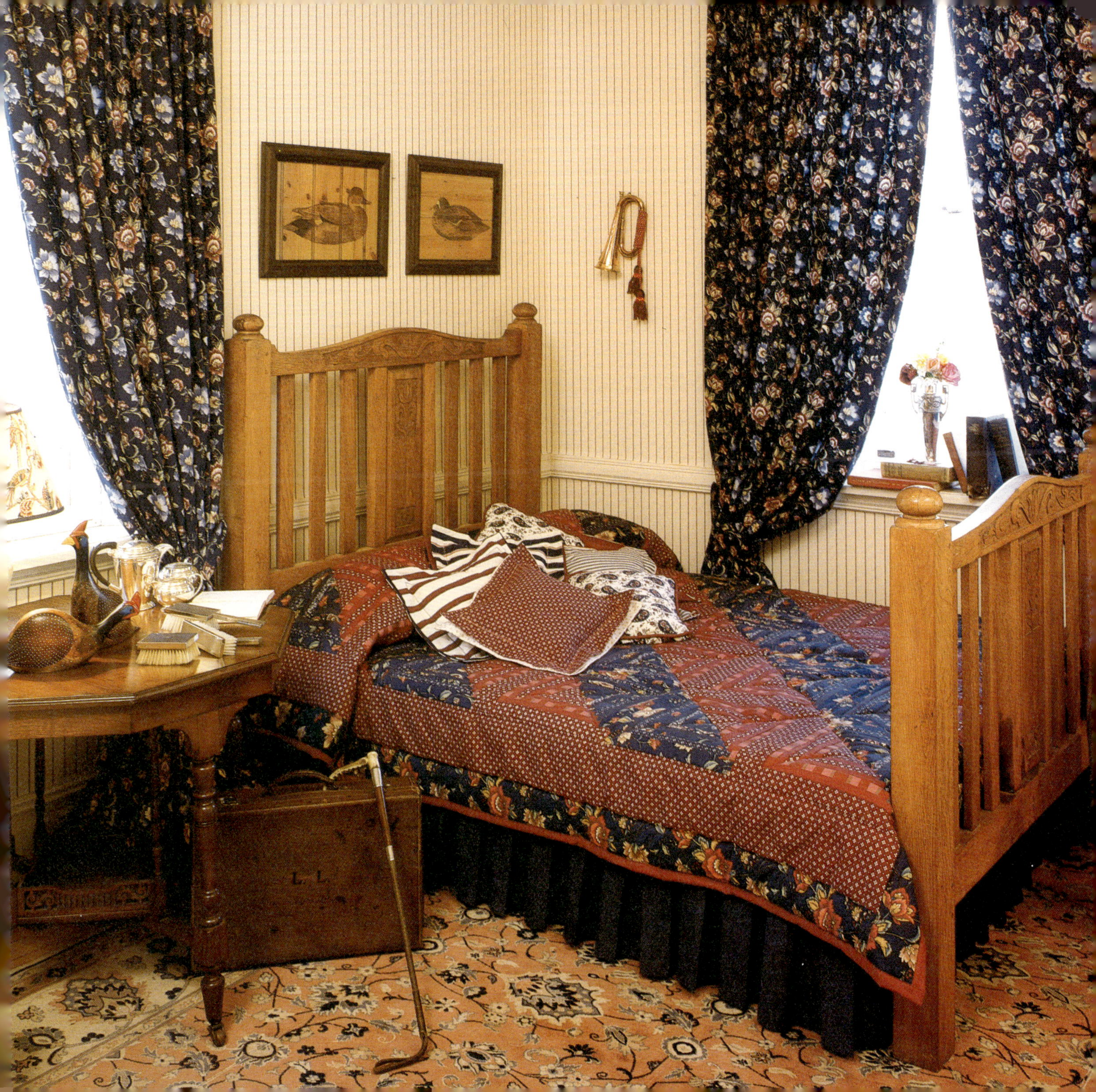

MATERIAL NECESARIO
Plantilla de cartón: el tamaño del cuadrado más 5 mm de margen de costura todo alrededor
Tela: véanse las instrucciones para tomar las medidas en la página 52 (dejar 5 mm de margen de costura)
Forro para los cuadros: cortar con ayuda de la plantilla
Forro para la colcha
Guata de poliéster

INSTRUCCIONES PARA CONFECCIONAR UN CUADRADO
1. *Determinar el centro del cuadrado del forro y disponer encima el cuadrado central (fig. 44a).*
2. *Colocar la primera tira de tela sobre el cuadrado central, derecho sobre derecho, coser y recortar (fig. 44b). Doblar la tira hacia fuera y planchar.*

Fig. 44a    Fig. 44b

Fig. 44c 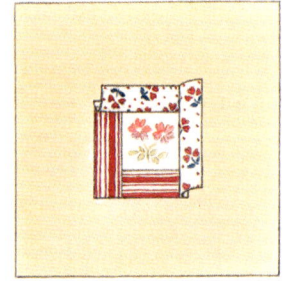   Fig. 44d

3. Repetir la operación con la misma tela, avanzando en sentido contrario a las agujas del reloj (fig. 44c).
4. *Repetir los pasos 2 y 3 con tiras de tela de distinto color (fig. 44d).*
5. *Repetir los pasos 2-4 hasta obtener un cuadrado del tamaño deseado. Planchar.*

OBSERVACION. *Procurar no tirar de la tela al coser las tiras.*

6. *Cuando se hayan confeccionado todos los cuadros, recortarlos al tamaño de la plantilla.*
7. *Para unirlos, extender la labor sobre el suelo. Coser los cuadrados para formar tiras largas y coser éstas.*
8. *Bordear el panel central con una o varias tiras de tela hasta obtener el tamaño de colcha deseado (p. 50).*
9. *Acolchar y forrar, véase página 49.*

ARRIBA: Cojines ribeteados y de borde liso sobre una colcha rústica en tonos azules y rojos.

CAMAS CON DOSEL

En tiempos pasados, las camas con dosel y ricas colgaduras eran sinónimo de opulencia. Una versión más humilde de estos lechos era asimismo muy frecuente por razones prácticas, como eran la conservación del calor y la privacidad. Hoy día, las cortinas, los volantes y los doseles que adornan las camas obedecen a motivos puramente decorativos, a la vez que evocan épocas más románticas.

Los tres elementos que componen las «vestiduras» de una cama de estas características son los siguientes: cortinas falsas, doselera y dosel. Pueden utilizarse todos juntos, por separado o combinados. Precisamente porque la doselera y las cortinas se ven por ambos lados, es importante elegir un forro atractivo (por lo general, una tela que haga contraste). El pabellón que forma el techo del dosel se tapiza con la tela de las cortinas, mientras que la parte superior, que no se ve, puede tapizarse como una tela de forro normal.

El tipo de marco determina la forma en que se colgarán las cortinas. Los sistemas que se describen a continuación pueden aplicarse a la mayoría de camas con dosel o, al menos, así lo espero.

Cortinas y doselera para cama con dosel de latón o hierro

OBSERVACION. *El método siguiente presupone que el marco superior está formado por barras de hierro que pueden quitarse para introducirse en las jaretas de la tela.*

MEDIDAS

Medir la longitud de las barras cortas (A-B) y largas (B-C) que forman el marco superior *(fig. 45)*.

Medir la longitud (C-D) desde la barra hasta el suelo *(fig. 45)*. La longitud final del volante de la doselera será 35 cm.

OBSERVACION. *Es importante que la longitud de la doselera esté en relación con la altura de la cama.*

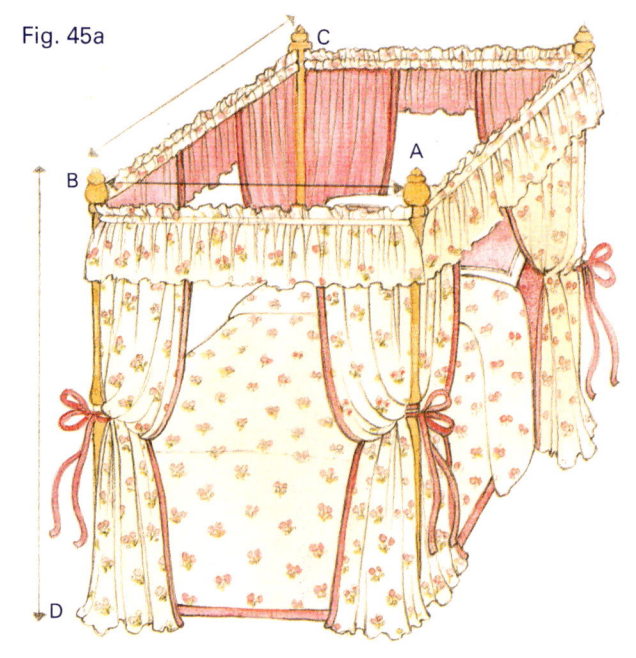

Fig. 45a

MATERIAL NECESARIO

Tela para el exterior de las cortinas: añadir 8 cm a la medida desde la barra al suelo (B-D) y cortar 8 caídas
Forro en color contrastante: véase más arriba
Tela para la doselera: véase el recuadro
Forro para la doselera en color contrastante: véase el recuadro
Tela para volantes: opcional

COMO CALCULAR LA CANTIDAD DE TELA NECESARIA PARA UNA DOSELERA DE 35 CM. *Para la parte exterior, multiplicar por dos la longitud de la barra larga y dividir por 150 cm —ancho de tela estándar— para determinar las caídas de los lados largos; repetir el cálculo con las medidas de la barra corta. Multiplicar el número total de caídas por 47 cm para calcular la cantidad de tela necesaria. Para el forro, multiplicar el número total de caídas por 30 cm.*

COMO AÑADIR UN VOLANTE

Los volantes se aplican al borde inferior de la doselera y a lo largo de la parte interior de las cortinas. Medir la longitud total del volante y utilizar la fórmula de la página 19 para calcular la cantidad de tela necesaria.

INSTRUCCIONES PARA CONFECCIONAR LAS CORTINAS Y LA DOSELERA

1. *Confeccionar dos cortinas para cada lado utilizando dos caídas de tela y dos de forro completas (si la cantidad de tela parece excesiva, cortar las caídas hasta 115 cm de ancho como mínimo; los recortes pueden utilizarse para confeccionar volantes).*
2. *Colocar la tela sobre el forro, derecho sobre derecho y bordes sin rematar juntos, y hacer una costura a 1,5 cm del borde en ambos lados (eventualmente, incluir también el volante). Dar la vuelta y planchar (fig. 46a).*
3. *Doblar hacia dentro el borde inferior y hacer un dobladillo de 5 cm (fig. 46a).*

Fig. 46a

4. *Colocar la tela de la doselera sobre el forro, derecho sobre derecho y bordes sin rematar juntos, y hacer una costura a 1,5 cm del borde alrededor de ambos lados y del borde inferior (fig. 46b). (Incluir el volante en este momento.) Dar la vuelta y planchar.*

Fig. 46b

5. *Marcar, con la plancha, un dobladillo de 2,5 cm en el borde superior de la tela y, a continuación, señalar un segundo doblez a 9 cm del borde del primer dobladillo (fig. 46c).*
6. *Medir y marcar una línea en el ancho de la tela del forro a 26 cm desde el borde inferior (fig. 46c).*

Línea de costura del borde superior de la cortina

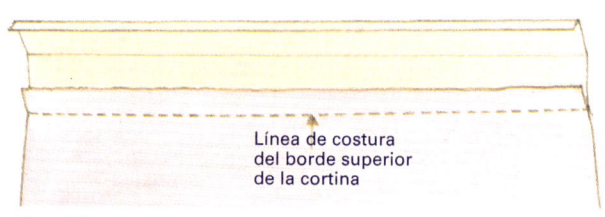

Fig. 46c

7. *Colocar la línea de costura del borde superior de las cortinas sobre esta línea, con la tela del forro hacia arriba. (Las dos cortinas se colocan en los laterales de la doselera.) Sujetar con alfileres (fig. 46c).*
8. *Doblar la tela posterior por la línea de pliegue, haciendo coincidir el borde con las marcas. Sujetar con alfileres y coser cerca del borde traspasando todas las capas (fig. 46c).*
9. *Hacer otro pespunte a 4 cm de esta línea para formar la jareta (en caso necesario, adaptar convenientemente el ancho de la misma). Al fruncir la doselera, la tela que queda por encima de la jareta forma un volante (fig. 46d).*
10. *Confeccionar del mismo modo la doselera y las cortinas de los tres lados restantes.*
11. *Colgar las cortinas y la doselera de las barras y fruncirlas uniformemente (fig. 46d). Atar dos cortinas a cada poste de la cama con alzapaños o lazos atractivos.*

Fig. 46d

Bastidor de madera

Si el bastidor del dosel es macizo, el método descrito en la página 56 puede adaptarse del modo siguiente:

❏ En lugar de hacer una jareta *(paso 9; p. 56)*, coser, por el revés, una cinta estrecha para cortinas alineándola con las marcas correspondientes. Atornillar armellas pequeñas todo alrededor del bastidor, por la parte exterior, y colgar de ellas las cortinas *(fig. 47)*.

❏ Para cubrir el marco con un baldaquín, seguir las instrucciones siguientes:

1. *Para un baldaquín liso, cortar un rectángulo de tela de la longitud y la anchura del marco superior, añadiendo todo alrededor 2 cm de margen de costura.*

2. *Hacer un dobladillo de 2 cm alrededor del baldaquín y coser encima, en los cuatro lados, cinta para cortinas estrecha.*

3. *Introducir en la cinta ganchos para cortinas a intervalos regulares. Atornillar armellas en el borde inferior del bastidor, alineándolas con los ganchos, y colgar el baldaquín* (fig. 47).

4. *Para confeccionar un baldaquín fruncido, calcular 1 1/2 veces la longitud del bastidor. Para fruncirlo, tirar de los hilos de la cinta y colgarlo de las armellas.*

❏ Otra posibilidad es coser la doselera directamente al baldaquín, que, de este modo, descansa sobre el bastidor mientras el volante cuelga todo alrededor *(fig. 48)*. Forrar la parte superior para tapar los bordes sin rematar y las costuras.

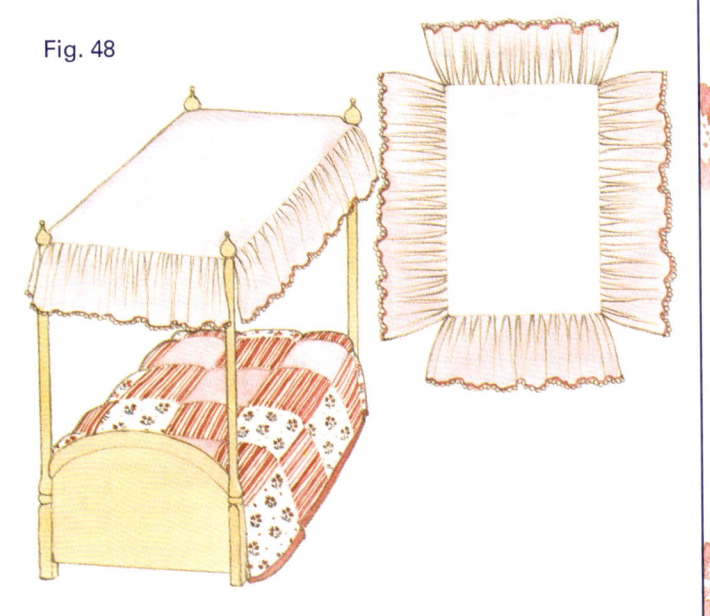

Fig. 48

Fig. 47

❏ Además de fruncidas, las colgaduras de los doseles pueden rematarse del modo siguiente:
1. *Improvisar guirnaldas informales a base de lazos* (véase fotografía en página 34).
2. *Para convertir una doselera en un bandó veneciano, coser, por el revés, cinta para cortinas a intervalos regulares y fruncir* (fig. 49). *(Los volantes inferiores constituyen el remate ideal en este caso.)*
3. *Colgar libremente la tela del bastidor* (véase ilustración en página 7).

Fig. 49

Falso dosel

Si os gusta rodearos de tela, pero vuestra cama no tiene cuatro columnas, con poco dinero puede simularse el efecto de un dosel. He aquí algunas sugerencias:

❏ Hacer un marco del ancho y largo de la cama y colgarlo del techo con cuerdas (que se atan en las cuatro esquinas del marco), sujetas, a su vez, a armellas que se atornillan en el mismo (véase fotografía en página 34). Cualquiera de los baldaquines y doseleras descritos con anterioridad puede colgarse de este marco.

❏ El efecto de una barra centrada sobre la cama de la que cuelgan cortinas en forma de V invertida es realmente espectacular (véase fotografía en la página opuesta). Como las cortinas son visibles por ambos lados, se recomienda forrarlas con una tela lisa en color contrastante. Las cortinas pueden atarse a las esquinas del cabecero.

❏ Colgar del techo dos barras de latón o de madera de la misma longitud que el ancho de la cama y colocar encima un trozo de tela de forma que cuelgue recta por detrás de la cabecera, forme una onda en el centro y caiga recta sobre los pies de la cama *(fig. 50)*.

Fig. 50

PÁGINA OPUESTA: Las cortinas fruncidas sobre una barra dispuesta a modo de dosel sobre la cama y atadas al cabecero ponen una nota nostálgica en este soleado dormitorio decorado en tonos rosas, verdes y amarillos.

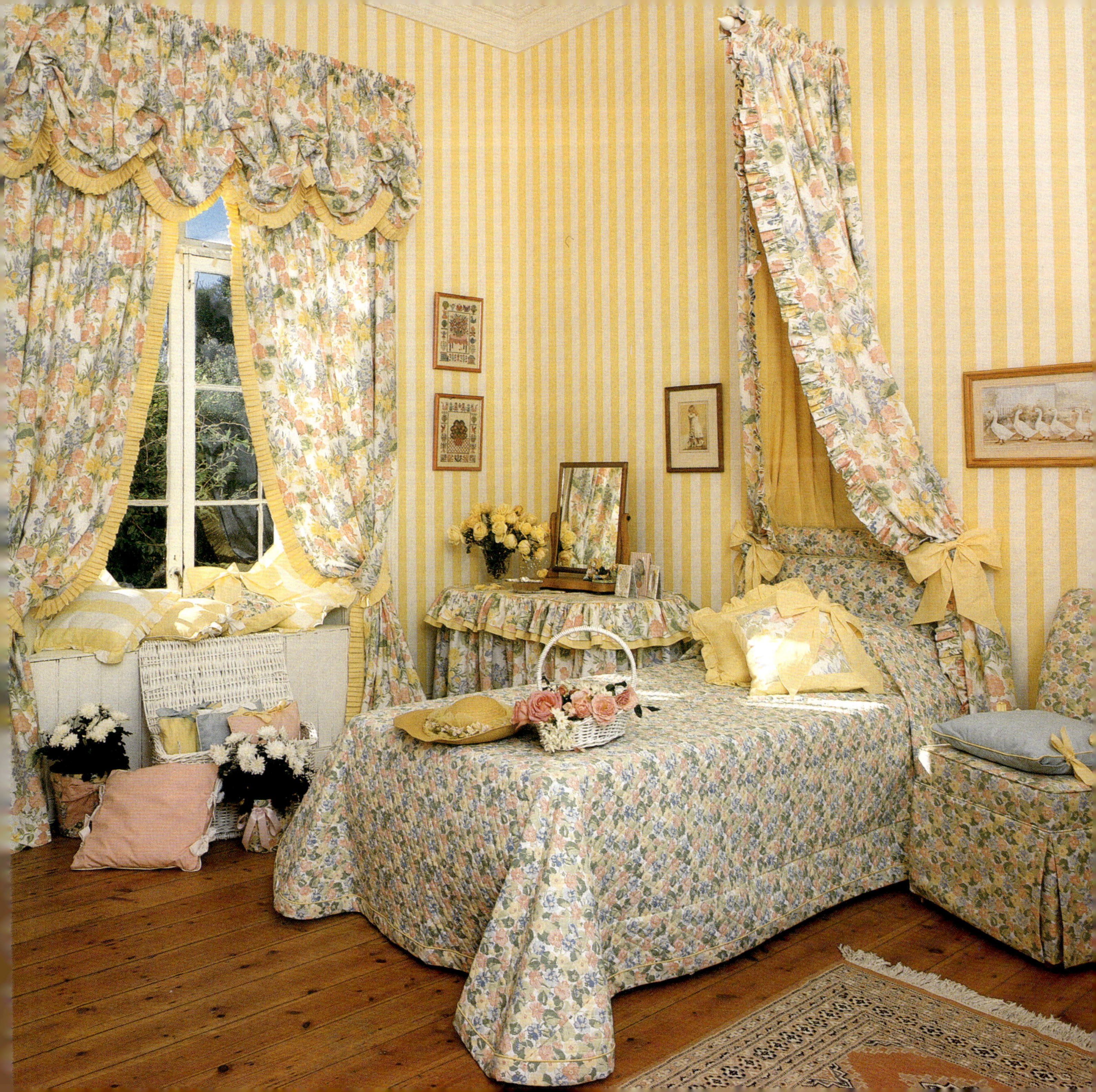

Cortinas tipo corona

La corona puede fabricarse con una pieza semicircular de conglomerado sujeta a la pared mediante ángulos. Las cortinas y la doselera se cuelgan, a su vez, de la «corona». Una vez fabricada y sujeta la pieza de conglomerado a la pared *(fig. 51a)* se añaden las cortinas y la cenefa del dosel.

Cómo fijar la pieza de madera

MATERIAL NECESARIO

Semicírculo de conglomerado cortado según patrón
Dos ángulos
Dos piezas de tela en colores contrastantes: cortar del mismo tamaño que la corona más 3 cm de margen de costura todo alrededor (tela para la parte superior de la corona opcional)
Armellas: unas 35
Cinta estrecha para cortinas
Grapadora o chinchetas

INSTRUCCIONES PARA MONTAR LA CORONA

1. Unir los ángulos a la parte posterior de la corona a 10 cm de cada extremo (fig. 51a).
2. Extender la tela sobre la parte superior de la corona (opcional), doblar lo que sobre y grapar. Repetir la operación en la parte inferior (tapando los ángulos).
3. Atornillar las armellas en el borde inferior, tan cerca del canto como sea posible, con una separación de 5 cm (fig. 51a).
4. Grapar la cinta para cortinas alrededor del frente circular (fig. 51a).
5. Sujetar la corona a la pared, a unos 150 cm sobre la cama.

Cortinas y doselera

MEDIDAS

Medir la longitud para las cortinas desde el centro de la corona hasta el suelo *(fig. 51b)* y añadir 10 cm. La longitud de la doselera es opcional —aproximadamente, de 30 a 40 cm— más 5 cm de margen de costura.

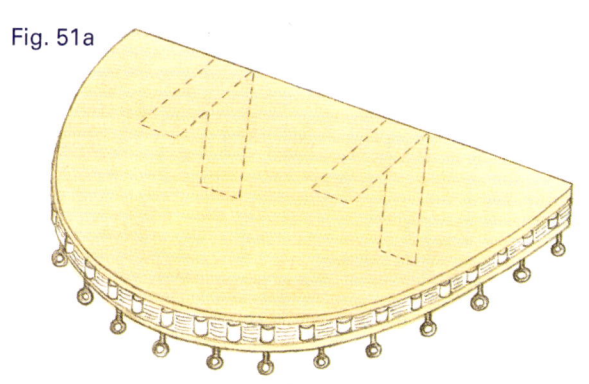

Fig. 51a

Fig. 51b — parte central del frente

al tomar las medidas, seguir la línea de las cortinas

MATERIAL NECESARIO

Tela para las cortinas exteriores: cortar dos caídas de la longitud requerida
Tela contrastante para las cortinas interiores: como arriba
Tela para los volantes de las cortinas: opcional
Cinta estrecha y ganchos para cortinas
Tela para la doselera exterior: cortar dos caídas de tela de la longitud necesaria
Tela contrastante para el forro de la doselera: véase más arriba
Tela para el volante inferior de la doselera: opcional
Cinta estrecha y ganchos para cortinas

INSTRUCCIONES PARA CONFECCIONAR LAS CORTINAS Y LA DOSELERA

1. Para las cortinas, unir los anchos de la tela exterior y repetir la operación con el forro.
2. Coser los laterales y el borde superior de ambas telas, derecho sobre derecho y bordes sin rematar juntos. (Eventualmente, colocar el volante entre las dos telas y coserlo junto con ellas.)
3. Dar la vuelta a la cortina y planchar todas las costuras.
4. Coser la cinta estrecha en la cortina (exterior) a 2 cm del borde superior. Fruncirla y colocar los ganchos con una separación de 5 cm. (Los pliegues pueden distribuirse de forma que las cortinas queden más fruncidas por delante que por detrás.)
5. Colgar las cortinas de las armellas de la pieza de madera. Determinar la posición de las aberturas correspondientes a los alzapaños (fig. 51c). Sujetar las cortinas en esta posición, ajustar la línea del dobladillo y cortar la tela sobrante, de delante hacia atrás, dejando tela suficiente para hacer el dobladillo (fig. 51d).
6. Descolgar las cortinas. Marcar con la plancha un dobladillo de 6 cm en ambas telas, coserlo.
7. Realizar en ambas cortinas sendas aberturas de 10 cm de longitud en los puntos marcados (fig. 51c).
8. Confeccionar los alzapaños con recortes de tela.
9. Para confeccionar la doselera, unir los anchos de la tela exterior y del forro. Coserlas, derecho sobre derecho y bordes sin rematar juntos, dejando 2 cm de margen de costura todo alrededor y una abertura para darle la vuelta. Recortar las esquinas, dar la vuelta, coser la abertura con puntadas invisibles y planchar las costuras.
10. Coser la cinta de fruncir en el borde superior de la tela del forro (parte interior). Fruncir y colocar los ganchos.
11. Colgar las cortinas de las armellas y la doselera de la cinta frontal de la pieza de madera (fig. 51e).
12. Introducir los alzapaños por las aberturas y colgarlos de escarpias, que se clavan a ambos lados de la cama (fig. 51b).

Fig. 51c

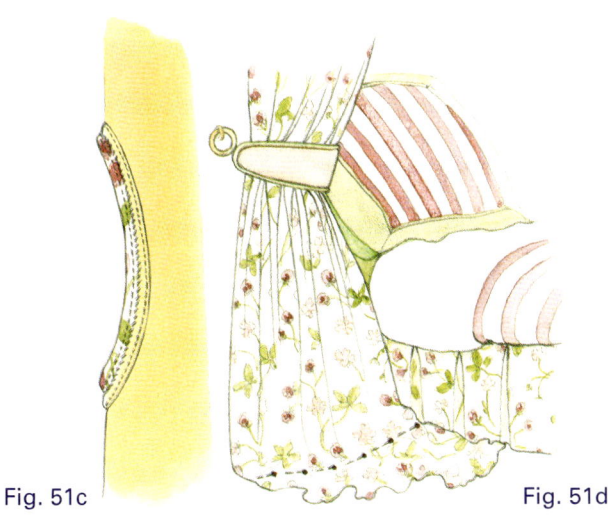

Fig. 51d

Fig. 51e

FALDAS DE MESAS

Las mesas camillas vestidas con faldas hasta el suelo y tapetes redondos o cuadrados completan el ambiente femenino de un dormitorio. Estas mesas son muy prácticas y, en el tamaño adecuado, pueden utilizarse también como mesillas.

Una mesa camilla grande, vestida con faldillas bonitas y sobre ella una lámpara, una planta, un jarrón con flores, algunas fotografías enmarcadas o cualquier otro detalle personal contribuye a crear un foco de atención en una habitación.

> **SUGERENCIA.** *Para fabricar una mesa camilla sobre la marcha, sólo tenéis que apoyar un tablero circular de conglomerado sobre una base firme y cubrirla con unas faldillas que lleguen hasta el suelo.*

Faldas de mesa camilla

MEDIDAS

Medir el diámetro (A-B) del tablero y la longitud desde éste hasta el suelo (B-C) *(fig. 52a)*. El diámetro de las faldas será el del tablero (A-B) más dos veces la longitud (B-C). Hacer un patrón *(p. 11)*.

MATERIAL NECESARIO
Para una tela de 150 cm de ancho:

Diámetro de las faldas	Tela estampada sin dibujos repetidos	Tela estampada con dibujos repetidos de 32-63 cm
150 cm	1,55 m	1,55 m
180 cm	2,95 m	3,3 m - 3,6 m
200 cm	3,4 m	4 m
250 cm	4,6 m	5,2 m

INSTRUCCIONES

1. *Para confeccionar el panel central, cortar una pieza de tela del diámetro final más 2 cm para el dobladillo. Marcar el centro en el ancho.*

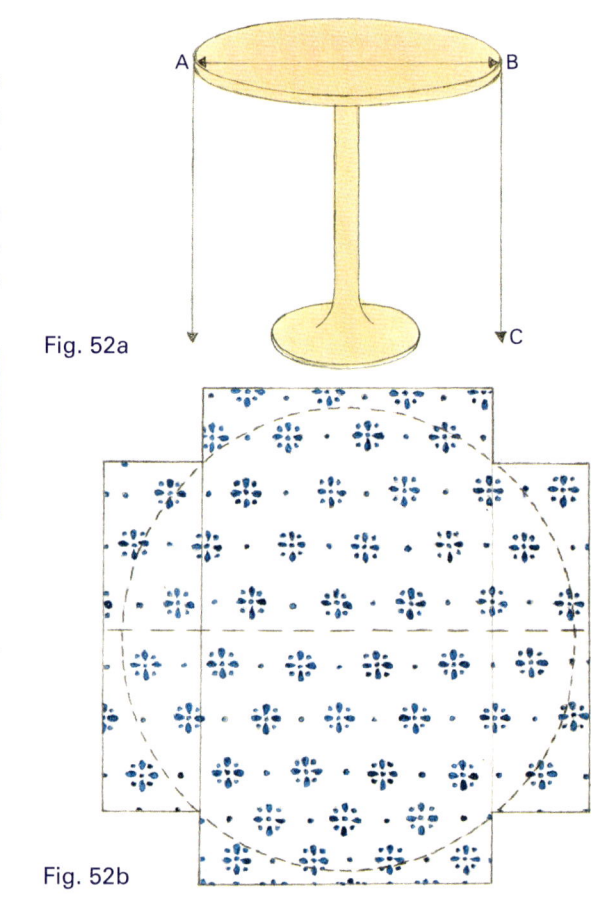

Fig. 52a

Fig. 52b

2. *Cortar la tela restante por la mitad a lo largo, marcar los centros en los anchos y unir las piezas a los lados del panel central alineando las marcas (fig. 52b). Planchar las costuras abiertas.*
3. *Hacer un patrón de cuarto de círculo dibujando un arco de la longitud del radio (diámetro dividido por 2), doblar la tela en cuatro partes y colocar el patrón encima (fig. 52c, p. 63).*
4. *Cortar por la línea del patrón traspasando todas las capas de tela.*
5. *Doblar y marcar, con la plancha, un dobladillo doble de 1 cm. Coser. Otro remate es aplicar un bies al borde inferior (p. 66).*

Fig. 52c

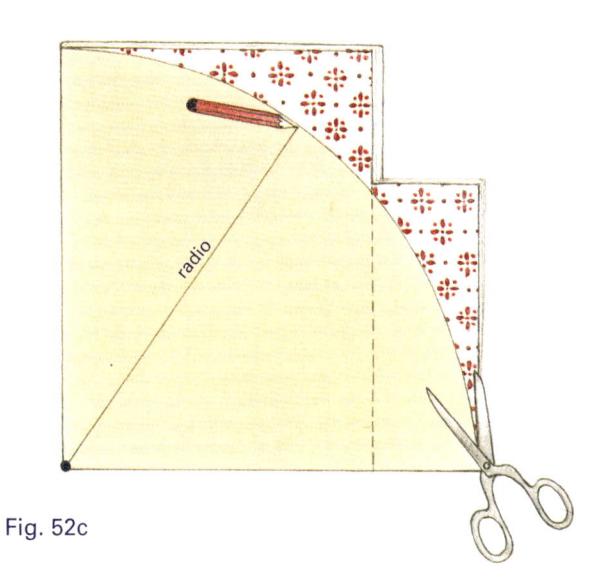

COMO AÑADIR UN VOLANTE AL BORDE INFERIOR

Determinar la anchura del volante y restarla del diámetro de las faldillas. Multiplicar la cifra obtenida por 22 y dividir el resultado entre 7 para establecer la circunferencia. Utilizar la fórmula de la página 69 para calcular la cantidad de tela necesaria para el volante. Coser el volante a las faldillas siguiendo las instrucciones de las páginas 17-18.

Tapetes

Un tapete pequeño, redondo o cuadrado, en una tela que contraste con la de las faldillas resulta particularmente decorativo en una mesa camilla.

❏ Rematar el borde del tapete con un bies del mismo color o de distinto tono.

❏ Fruncir el tapete con cinta para cortinas (fig. 49, p. 58) y coser lazos encima de los frunces.

❏ Rematar los bordes de un tapete cuadrado con jaretas que se solapen en las esquinas (p. 67).

❏ Ribetear un tapete cuadrado con un galón haciendo las esquinas en ángulo (p. 68).

EXTREMO SUPERIOR: El doble volante y las faldas fruncidas de este tocador reniforme van cosidas al tapete superior.

ARRIBA: Faldas rematadas con un ancho volante fruncido.

Tapetes ajustados

Un tapete ajustado se caracteriza porque el panel superior se remata con un volante fruncido. Este tipo de tapete puede utilizarse tanto en mesas redondas como cuadradas, rectangulares o reniformes.

MEDIDAS

Hacer un patrón de papel de la forma y del tamaño del tablero y añadir 1,5 cm de margen de costura todo alrededor.

MATERIAL NECESARIO

Tela para el panel superior: cantidad suficiente para cortar 1 vez el patrón

Ribete: cantidad necesaria para bordear el patrón

Tela para las faldas o el volante: medir alrededor del patrón o si la mesa es redonda, calcular la circunferencia *(p. 62)*. Utilizar la fórmula de la página 62 para calcular la cantidad de tela necesaria

INSTRUCCIONES

1. *Cortar la tela del panel superior de acuerdo con el patrón.*
2. *Colocar el ribete sobre la tela, derecho sobre derecho y bordes sin rematar juntos, sujetar con alfileres e hilvanar.*
3. *Unir las piezas de tela del volante. Fruncir y coser al panel superior siguiendo las instrucciones de las páginas 17-18.*

COMO VESTIR UN TOCADOR

Los tocadores reniformes poseen un encanto especial de frivolidad y coquetería y pueden vestirse en muchos estilos diferentes. La confección de las faldas no plantea mayores problemas y el método descrito queda ilustrado en la figura 53.

❏ Seguir las instrucciones para confeccionar un tapete ajustado con volante *(más arriba)* utilizando un patrón reniforme del tamaño del tablero. Dejar una abertura en el centro para acceder a los estantes.

❏ Fruncir un volante no demasiado ancho, junto con las faldas, antes de coserlas al panel superior. El volante no necesita llevar abertura frontal.

❏ Rematar los bordes con puntilla, volantes *(p. 19)*, picos *(p. 67)* o con un ribete contrastante *(p. 66)*.

❏ Antes de fruncir las faldas, éstas pueden adornarse con varias hileras de jaretas *(p. 67)*, lazos y cintas.

❏ Doblar un riel de cortinas para adaptarlo a la forma del tablero, atornillar armellas pequeñas en el borde exterior o grapar cinta para cortinas. En todos los casos, fruncir las faldas con cinta para cortinas estrecha y colgarlas de las anillas, de las armellas o de los «bolsillos» de la cinta. Cubrir el tablero con un tapete independiente que oculte todos estos elementos mecánicos.

Fig. 53

TÉCNICAS DE COSTURA

A continuación se describen las técnicas de costura fundamentales. Es posible que vuestra máquina de coser disponga de dispositivos que faciliten su aprendizaje y dominio.

Ribetes al bies

Los bieses se utilizan para rematar bordes y dar un acabado decorativo a numerosos accesorios de tapicería. Asimismo resultan muy útiles para cubrir el cordón con que se rematan muchas costuras. Al estar la tela cortada al bies, esto es, en dirección contraria al grano, poseen cierta flexibilidad, lo que facilita su aplicación en curvas y esquinas.

INSTRUCCIONES (1.er SISTEMA)

1. *Para hallar la diagonal de un rectángulo de tela, doblar ésta por una esquina formando un ángulo de 45 grados (fig. 54a).*
2. *Marcar la línea de pliegue y seguir trazando diagonales paralelas a aquélla de la anchura del bies (fid. 54b).*
3. *Cortar las tiras y coserlas, derecho sobre derecho, en ángulo recto. Planchar las costuras y recortar las esquinas (fig. 54c).*

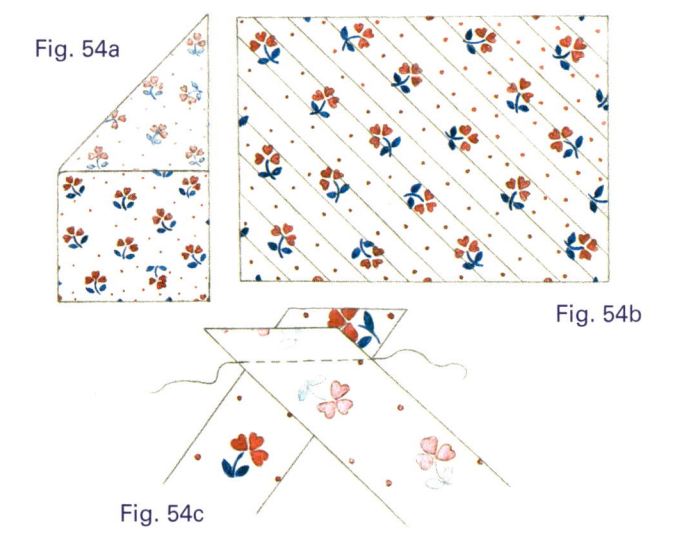

Fig. 54a

Fig. 54b

Fig. 54c

INSTRUCCIONES (2.º SISTEMA)

1. *Cortar o buscar un rectángulo de tela que sea, como mínimo, dos veces más largo que ancho.*
2. *Doblar una esquina formando un ángulo de 45 grados para hallar la diagonal. Cortar el triángulo resultante y coserlo en el extremo opuesto, por el lado más largo, de forma que las diagonales queden paralelas (fig. 55a).*
3. *Marcar diagonales de la misma anchura empezando por un extremo, cortar el último trozo si su anchura no coincide con la del bies.*
4. *Trazar una línea de costura a 5 mm del borde en los lados rectos y marcar los puntos A, B, C, D, E y F (fig. 55a).*

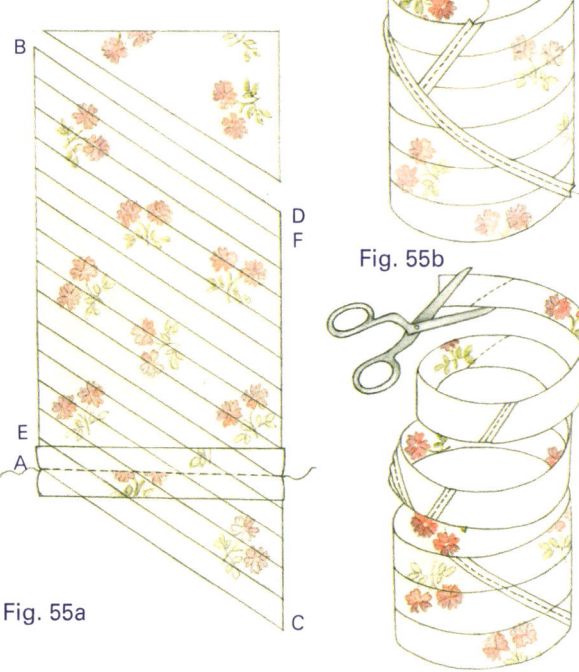

Fig. 55a

Fig. 55b

Fig. 55c

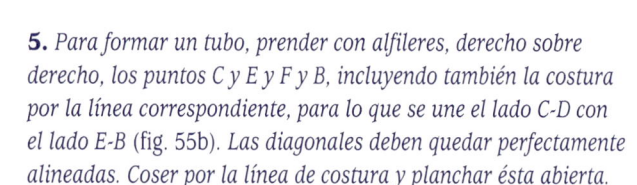

5. *Para formar un tubo, prender con alfileres, derecho sobre derecho, los puntos C y E y F y B, incluyendo también la costura por la línea correspondiente, para lo que se une el lado C-D con el lado E-B* (fig. 55b). *Las diagonales deben quedar perfectamente alineadas. Coser por la línea de costura y planchar ésta abierta.*
6. *Empezar a cortar por un extremo de la línea marcada y seguir cortando para obtener una tira larga* (fig. 55c).

Ribetes de cordón

Los ribetes de cordón se hacen con una tira de tela al bies doblada por la mitad a lo largo en cuyo interior se introduce un cordón. Coser el bies lo más cerca posible del cordón con el pie para cremalleras *(fig. 56a)*. Para unir los extremos del cordón, empalmarlos y atarlos fuertemente con hilo *(fig. 56b)*. Dejar en el bies 5 mm de margen de costura. Para pegar el ribete a la costura de cualquier artículo, utilizar el pie para cremalleras y coser lo más cerca posible del cordón.

Para unir dos trozos de ribete, proceder de la manera siguiente: deshacer el extremo de la costura, cortar 1 cm, aproximadamente, de cordón y doblar el bies hacia dentro *(fig. 56c)*. Colocar sobre el extremo opuesto del bies y coser *(fig. 56d)*.

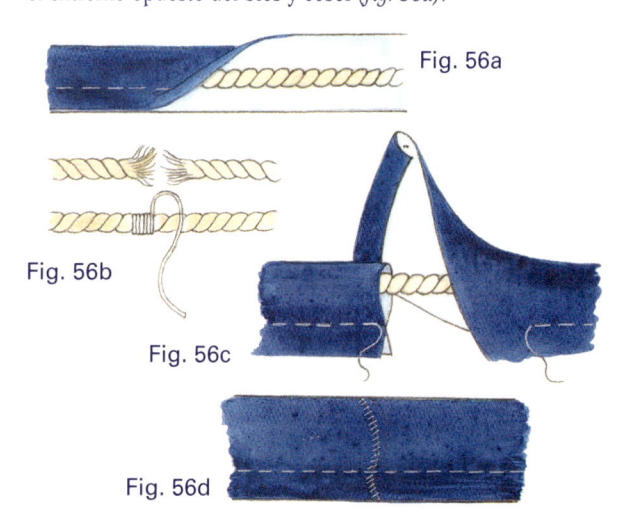

Cómo ribetear una orilla

❏ Disponer el bies sobre la orilla de la tela y coser traspasando todas las capas *(fig. 57)*.

❏ Colocar el bies sobre la tela, derecho sobre derecho y bordes sin rematar juntos. Hacer una costura tan ancha como permita el prensatelas de la máquina *(fig. 58a)*. Volver el ribete sobre el revés de la tela y coser con puntadas invisibles realizadas lo más cerca posible de la línea de costura anterior *(fig. 58b)*.

❏ Colocar el bies sobre la tela, derecho sobre revés, y coser. Hacer una costura tan ancha como permita el prensatelas de la máquina. Volver el ribete sobre el derecho de la tela y coser con puntadas invisibles cerca de la línea de costura anterior *(fig. 59)*.

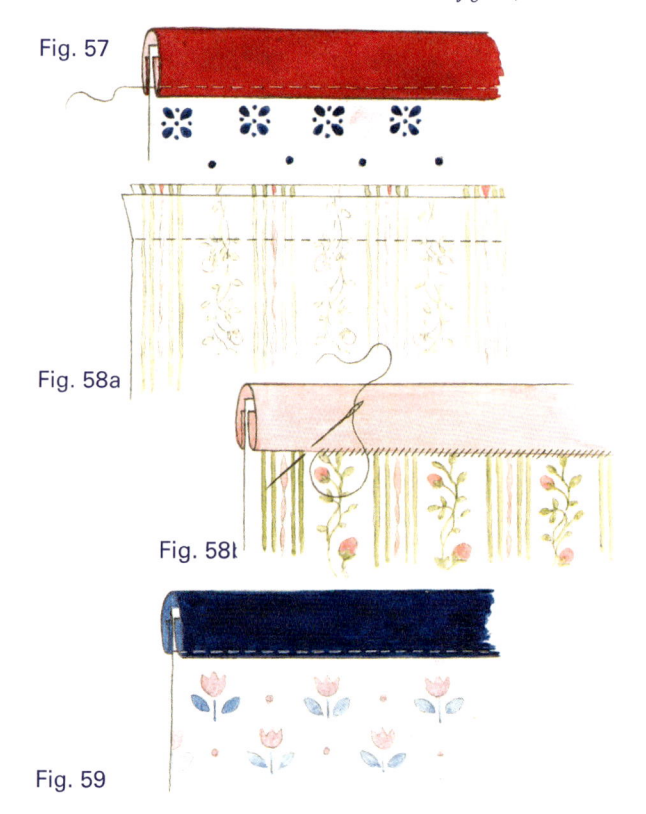

Fig. 56a

Fig. 56b

Fig. 56c

Fig. 56d

Fig. 57

Fig. 58a

Fig. 58b

Fig. 59

Jaretas

Las jaretas ponen un acento personal en muchos objetos de tapicería. Pueden disponerse, por ejemplo, de forma que se solapen en las esquinas, y en cojines y tapetes cuadrados resultan un remate particularmente decorativo. El tamaño puede variar desde pocos milímetros hasta 1 cm, aproximadamente.

Calcular la cantidad de tela extra necesaria según el tamaño y número de jaretas, marcar su posición a intervalos regulares y marcar los pliegues con la plancha. Coser los pliegues para formar hileras de jaretas y plancharlas en una misma dirección *(fig. 60)*.

Fig. 61a

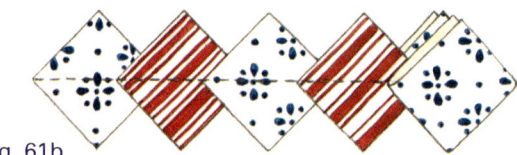

Fig. 61b

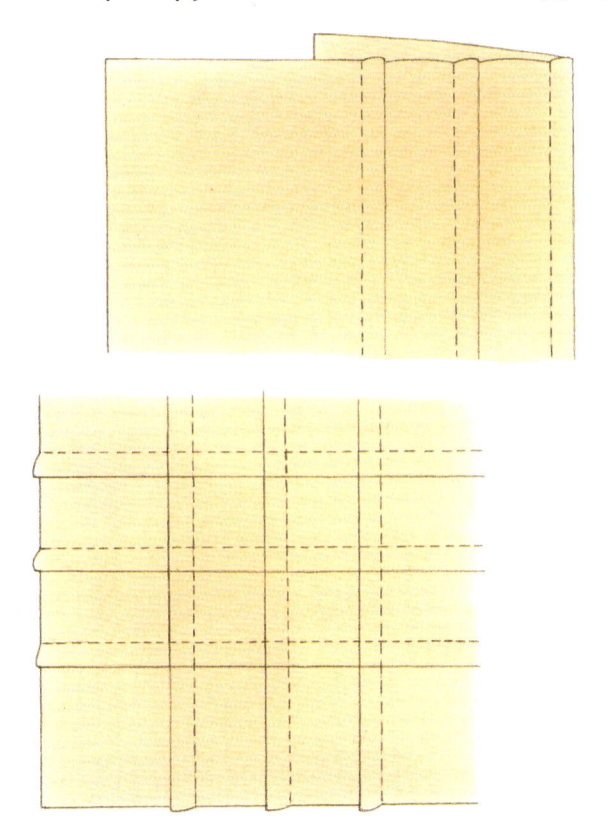

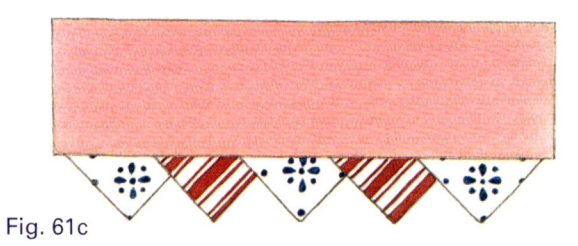

Fig. 61c

Fig. 60

Picos

Además de fácil de hacer, este remate garantiza un acabado muy elegante. Se necesitan cuadrados de tela de diferentes colores y dibujos (para calcular el número de cuadrados necesarios, dividir la longitud por la medida de la diagonal final de un cuadrado).

INSTRUCCIONES

1. *Doblar dos veces un cuadrado de tela para obtener un cuadrado más pequeño (fig. 61a).*
2. *Alinear los cuadrados de tela doblados de forma que se solapen ligeramente y coser por el centro (fig. 61b).*
3. *Colocar la tela, por el derecho, sobre la tira de cuadrados y coser justamente por debajo de la línea de costura anterior. Volver la tela y planchar (fig. 61c).*

Esquinas en ángulo

EN UN BORDE COSIDO A UN OBJETO

1. *Colocar el galón o la cinta de ribetear sobre la tela, derecho sobre derecho y bordes sin rematar juntos, y coser hasta pocos centímetros antes de las esquinas (fig. 62a).*
2. *Solapar las tiras de tela y marcar las esquinas (fig. 62b). Coser las tiras, derecho sobre derecho, por las líneas marcadas dejando un pequeño margen de costura en la parte interior (fig. 62b).*
3. *Recortar la costura y continuarla hasta la esquina.*
4. *Dar la vuelta a las tiras, planchar la costura y marcar, con la plancha, un pequeño dobladillo. Coser cerca del borde de la tira traspasando todas las capas (fig. 62c).*

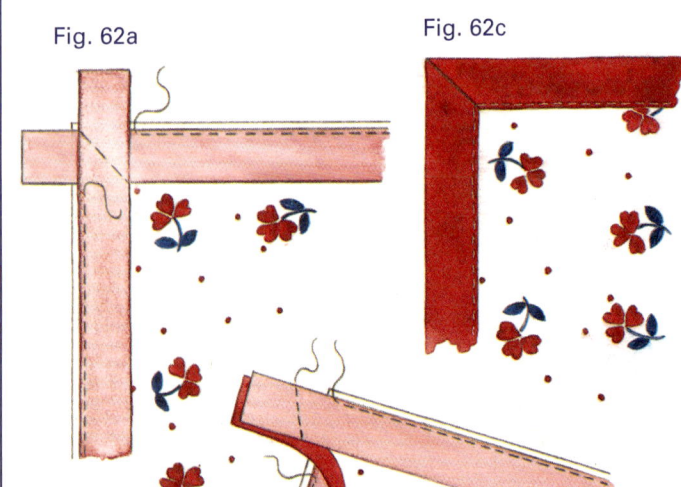

Fig. 62a

Fig. 62c

Fig. 62b

EN UN BORDE AÑADIDO A UN OBJETO
1. *Repetir el paso 1 anterior.*
2. *Solapar las tiras y marcar esquinas como se indica (fig. 63a). Coser las tiras, derecho sobre derecho, por la línea marcada hasta pocos milímetros antes de la parte interior (fig. 63b).*
3. *Recortar la costura y continuarla hasta la esquina. Volver las tiras y planchar (fig. 63c).*

Fig. 63b

Fig. 63a

Fig. 63c

COMO HACER ESQUINAS EN ANGULO EN UN DOBLADILLO
1. *Marcar, con la plancha, un dobladillo de 5 mm y, a continuación, otro de la anchura requerida. Desdoblar.*
2. *Doblar las esquinas hacia el interior hasta coincidir con la intersección de las líneas de pliegue interiores y planchar la línea de pliegue diagonal (fig. 64a). Abrir.*

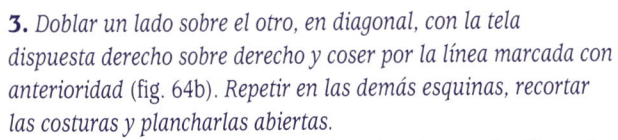

3. *Doblar un lado sobre el otro, en diagonal, con la tela dispuesta derecho sobre derecho y coser por la línea marcada con anterioridad (fig. 64b). Repetir en las demás esquinas, recortar las costuras y plancharlas abiertas.*
4. *Volver el dobladillo hacia el revés y planchar por las líneas de pliegue entre las esquinas (fig. 64c).*

Fig. 64a

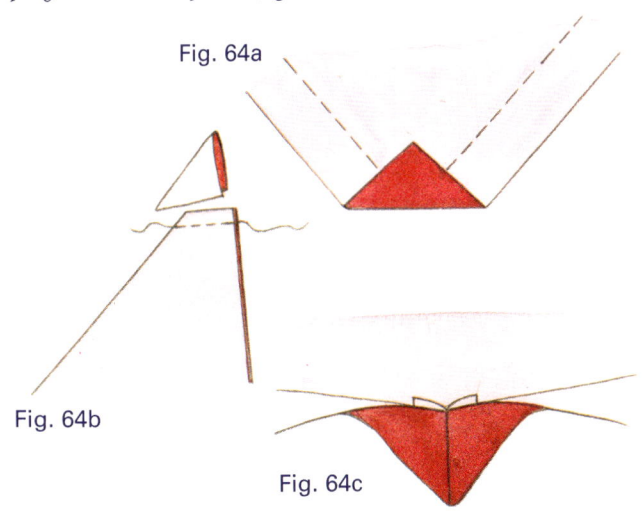

Fig. 64b

Fig. 64c

Dibujos repetidos

Medir la distancia entre dos dibujos que se repitan, por ejemplo, 32 cm. Dividir la profundidad final del volante más el dobladillo y márgenes de costura por la distancia entre dibujos y redondear el resultado (por ejemplo, para un cubrecanapé de matrimonio: 43 cm dividido por 32 = 1,34). Multiplicar el resultado por la distancia entre dibujos para determinar el nuevo largo de corte (por ejemplo, 2 × 32 cm = 64 cm). Multiplicar esta última cifra por el número de anchos para calcular la cantidad de tela necesaria (por ejemplo, 7 × 64 cm = 4,48 m).

Cómo calcular los anchos de una pieza fruncida

Para calcular el ancho total de la tela, medir el área alrededor de la cual se pretende colocar la tela (por ejemplo, los cuatro lados de una cama de matrimonio para confeccionar un cubrecanapé = 517 cm). Multiplicar la cifra obtenida por la densidad del frunce (por ejemplo, 517 cm × 2 = 1.034 cm). Dividir el resultado por el ancho de la tela (por ejemplo, 150 cm) para calcular el número de anchos que deberán cortarse y coserse para obtener la longitud de tela, sin fruncir, requerida (por ejemplo, 1.034 cm dividido por 150 = 6,89). Redondear el resultado (por ejemplo, 7) y multiplicar el número de anchos de tela por la profundidad del volante más el dobladillo y un margen de costura (por ejemplo, 7 × 43 cm = 3 m) para calcular la cantidad de tela necesaria.

ARRIBA: Las orillas del tapete y de las faldas de este tocador se han adornado con sendas tiras de picos.

INDICE

*Los números de las páginas en **negrita** se refieren a los epígrafes e ilustraciones.*

aberturas para fundas de cojín 11-15
    abertura lateral con lazos *véase* cojines con lazos
    botones posteriores 14, **14**
    cremallera en la costura 11-12, **11, 12**
    cremallera posterior 12-13, **12, 13**
    solapa 13-14, **13, 14**
almohadas (*véase* cuadrantes)
almohadillas interiores:
    materiales para 10
    para cojines armados 29
    para cojines cervicales tipo rulo 28
    para cojines sueltos 10
    para rulos 24

cobertores *véase* colchas
cobertores acolchados *véase* colchas de patchwork
cojín cervical tipo rulo **4**, 28-29
    almohadilla interior 28
    funda para 28-29, **28, 29**
cojines armados 29-32
    con formas diferentes 32
    cuadrados con ribete 29-30, **29, 30**
    medidas 29, **29**
    rectangulares 30
    redondos 32, **32**
    ribeteados **26**, 30
cojines con lazos 14-15, **15, 71**
    ribeteados 15
cojines de borde liso 7, 20-23, **25, 26, 52, 54**
    borde acolchado 20
    borde liso doble 22, **22**

borde liso doble en color
borde liso sencillo 20, **20**
contrastante 22-23, **23, 30**
cojines ribeteados 7, 16, **16, 25, 30, 54**
    con esquinas fruncidas 17, **17, 23, 26**
    con volante 17-18, **17, 18**
cojines sueltos 7, 10-23, **20**
    aberturas, *véase* aberturas para cojines
    almohadilla interior, *véase* cómo hacer un patrón 11, **11**
    bordes lisos *véase* cojines de borde liso
    cálculo de materiales necesarios 18
    con lazos, *véase* cojines con lazos
    confección, método básico 12, **12**
    formas 10
    forradas y ribeteadas 45, **45**
    frentes decorativos **4, 32, 44**
    tamaños 10, 17, 18, 20, 22
    volantes *véase* volantes y bordes
colchas 44-48 (*véase* también edredones; colchas de patchwork)
    acolchadas 45-48, **47**
    dobladillo enrollado 47, **47**
    medidas 45, **45**
    rematadas con borde liso 46, **46, 47**
    rematadas con ribete y volante 48, **48**
colchas con jaretas y puntilla 50-51,
    con motivos de rosas, jaretas y puntilla **4**, 51, **51**
    de color crema/blanca **7, 32, 44,** 50-51, **50**
cortinas tipo corona **7**, 60-61

bastidor de madera 60, **60, 61**
cortinas y doselera 60-61, **60, 61**
medidas 60, **60**
cuadrantes 36
    con lazos 14
    con volante y ribete 36, **36**
cubrecanapé 37-40
    aberturas en las esquinas 39, **39**
    borde liso con tablas invertidas en las esquinas 40, **40**
    cómo tomar medidas 37, **37**
    fruncido 20, 37-38, **37, 38**
    remates decorativos **7**, 39, 40
    tableado 39-40, **39, 40, 52**

direcciones 70-71
diván, funda para 40 **40**
dosel, camas con 55-61 (*véase* también cortinas en forma de corona)
    cortinas y doselera **20, 32**, 55-56, **56, 57**
    doseles falsos **32, 35**, 58, **58**
    doseleras **57**, 58, **58**
    madera, dosel de 57-58, **57**
    medidas 55, **55**

edredón, fundas para 41-44
    básica 41-42, **42**
    con lazos 41
    con volante y ribete 43-44, **44**
    remates decorativos 41
    solapa decorada 42-43, **42, 43**
    tamaños 41

faldas de mesa **4**, 62
    ajustadas 64
    cómo calcular la cantidad de tela necesaria 62
    con volante **30**, 63, **63**

medidas 62, **62**
redondas 62-63, **62**, 63

mesa camilla 62

patchwork, colchas de 48-54 (*véase* también colchas con jaretas y puntilla)
    directrices generales 48-49, **49**
    ribetes y forro 49, **49**
    rústicas 52-54, **52, 54**
    tamaños 50

rulos 24-26
    extremo anudado **25**, 26, **26, 27**
    laterales fruncidos 25, **25, 30**
    medidas 24, **24**
    ribeteados 24-25, **24**

tapetes **4**, 63 (*véase* también faldillas)
técnicas de costura
    bieses 65-66, **65**
    cómo calcular el ancho para frunces 69
    cómo rematar una orilla 66, **66**
    costura francesa 42
    cremalleras, cómo colocarlas 11-12
    dibujo repetido 69
    esquinas en ángulo 68-69, **68, 69**
    jaretas 67, **67**
    picos 67, **67, 69**
    ribetes, cómo confeccionarlos 66, **66**
    ribetes, cómo coserlos 16, **16**
tocador, faldas para **20, 63,** 64, **64, 69**

volantes y remates **4**, 19, **19, 20,** 63
    doble volante 19, **19**

BIBLIOGRAFIA

Existen muchas publicaciones sobre todos los aspectos de la decoración de interiores. Los títulos que se indican a continuación contienen información adicional de gran utilidad.

Clifton-Mogg, C. 1985. *The Habitat Home Decorator — Curtains and Blinds.* Londres, Conran Octopus.

Clifton-Mogg, C. and Paine, M., 1988. *The Curtain Book.* Londres, Mitchell Beazley.

Dickson, E. and Colvin, M., 1982. *The Laura Ashley Book of Home Decorating.* Londres, Conran Octopus.

Kittier, E., 1986. *Curtains and Blinds.* Londres, Ward Lock.

Paine, M., 1987. *Fabric Magic.* Londres, Frances Lincoln.

Watts, C., 1986. *Cushions, Curtains and Blinds.* Londres, Macdonald Orbis.

ARRIBA: Cojines en tonos pastel.

TURSEN, S. A.
HERMANN BLUME EDICIONES
Mazarredo, 4, 5.º B
Tel. (91) 366 71 48
Fax (91) 365 31 48
28005 MADRID